DÉCRETS ET ARRÊTÉ

PORTANT RÈGLEMENT

SUR

L'ORGANISATION

ET

LA POLICE DU TRAVAIL.

FORT-DE-FRANCE

Imprimerie du Gouvernement, Grand'Rue, n° 11.

1855.

DÉCRET sur les immigrations et sur les engagements de travail aux colonies.

LOUIS-NAPOLÉON ,

Président de la République française ,

Vu l'avis exprimé par le conseil d'Etat dans ses séances des 24 juin et 10 juillet 1851 ;

Sur le rapport du ministre secrétaire d'Etat de la marine et des colonies ;

Considérant qu'il est utile d'encourager l'immigration des travailleurs dans les colonies, et d'établir les conditions et les garanties de cette immigration ;

Considérant que, depuis l'abolition de l'esclavage, l'expérience a fait connaître la nécessité de régler, dans un mutuel intérêt, les rapports des propriétaires avec les travailleurs, et de déterminer d'une manière plus précise et plus efficace leurs obligations réciproques ;

Considérant que la police rurale et la répression du vagabondage aux colonies réclament, dans l'intérêt de l'ordre et du travail, diverses mesures conciliables avec la liberté ;

DÉCRÈTE :

TITRE Ier.

De l'immigration aux colonies.

Art. 1er. Les Immigrants, cultivateurs ou ouvriers, qui seront engagés pour les colonies, pourront y être conduits soit aux frais, soit avec l'assistance du trésor public ou des fonds du service local.

Les conditions auxquelles les allocations de passage pourront être accordées seront déterminées par un règlement spécial.

2. Après l'expiration du nombre d'années de travail qui sera déterminé pour chaque colonie par le règlement à intervenir, l'immigrant introduit, soit aux frais, soit avec l'assistance du trésor public ou de la colonie, aura droit, lorsqu'il n'aura encouru aucune condamnation correctionnelle ou criminelle, au passage de retour pour lui, sa femme et ses enfants non adultes.

Il aura, pendant l'année qui suivra l'expiration du délai fixé, la faculté d'opter entre la jouissance de ce droit et une prime d'une somme équivalente aux frais de son rapatriement personnel. Cette prime ne sera allouée qu'après justification d'un réengagement ou de l'exercice d'une industrie dans la colonie.

Cette dépense sera à la charge de là colonie qui aura reçu les immigrants. Elle sera comprise dans son budget parmi les dépenses obligatoires.

3. Il sera perçu dans chaque colonie pour le compte du service local :

1° Un droit d'enregistrement sur l'engagement de chaque immigrant introduit aux frais ou avec le concours de l'Etat ou de la colonie, et sur chaque transfert ou renouvellement dudit engagement ; ce droit sera le même, soit que l'engagement concerne un seul individu, soit qu'il s'applique à une famille ;

2° Un droit proportionnel au montant du salaire de l'immigrant ;

Ces droits seront payés par le propriétaire ou patron envers qui l'immigrant se sera engagé. Ils cesseront d'être perçus, à l'égard de chaque immigrant, à l'expiration du délai qui aura été fixé pour le rapatriement en vertu de l'art 2.

Le droit d'enregistrement est fixé provisoirement à 50 fr. pour la Martinique, la Guadeloupe et la Réunion, et à 20 fr. pour la Guyane, et le droit proportionnel sur les salaires est fixé au vingtième.

TITRE II.

Des engagements de travail et des obligations des travailleurs et de ceux qui les emploient.

Art. 4. Les contrats d'engagements de travail pourront être passés devant les maires ou devant les greffiers de justice de paix.

5. A l'égard des immigrants, le contrat d'engagement de travail ne pourra, pendant les six premiers mois de leur arrivée, être transféré à un tiers sans l'approbation de l'administration.

6. A défaut de conventions contraires, l'engagé subira, pour chaque jour d'absence ou de cessation de travail sans motif légitime, indépendamment de la privation de salaire pour cette journée, la retenue d'une seconde journée de salaire à titre de dommages-intérêts, sauf le recours au juge en cas de contestation.

7. Quiconque ne fournira pas exactement aux travailleurs engagés par lui soit les prestations en nature, soit les salaires promis par le contrat d'engagement, pourra, après deux condamnations au civil encourues pour ce fait dans la même année, être puni d'une amende de police dans les limites déterminées par l'art. 466 du Code pénal colonial.

Pourra être condamné à la même amende, tout ouvrier, cultivateur ou autre qui aura subi, dans le cours de trois mois, trois fois la retenue prescrite par l'art. 6 de la présente loi.

En cas de récidive, l'emprisonnement pourra être

prononcé dans les limites déterminées par l'art. 465 du Code pénal colonial.

La récidive existera lorsque, dans le cours de la même année, il y aura lieu d'appliquer une seconde fois, dans les conditions posées par les paragraphes précédents, une amende de police.

8. Lorsqu'un engagement aura été concerté entre deux parties, sans intention sérieuse de s'obliger en vue de s'assurer frauduleusement les avantages attachés par la loi au contrat d'engagement, les parties contractantes seront punies d'un emprisonnement d'un mois à un an, et d'une amende de 101 à 500 fr.

L'engagement sera déclaré nul.

9. Les juges de paix continueront à connaître, soit en dernier ressort, soit à charge d'appel, dans les limites déterminées par la loi, de toutes les contestations relatives aux obligations respectives des cultivateurs, ouvriers et gens de service et de ceux qui les emploient.

Ils connaîtront également des contestations qui pourraient s'élever :

Sur la tenue et l'entretien du cheptel, des cases et des jardins en dépendant ;

Sur le défaut de contenance ou sur l'état d'inculture du terrain dont la jouissance aura été accordée au cultivateur ;

Sur l'insuffisance ou le défaut de fournitures des plants ou semences, des outils ou machines nécessaires à l'exploitation de la terre ou à l'exercice de l'industrie.

10. Dans toutes les causes mentionnées en l'art. 9, excepté celles où il y aurait péril en la demeure, et celles dans lesquelles le défendeur serait domicilié hors du ressort de la justice de paix, le juge de paix pourra interdire aux huissiers de sa résidence de donner aucune

citation en justice, sans qu'au préalable il ait appelé sans frais les parties devant lui.

11. Est abrogé le décret du gouvernement provisoire du 27 avril 1848, portant institution de jurys cantonnaux dans les colonies.

12. Tout individu travaillant pour autrui, soit à la tâche ou à la journée, soit en vertu d'un engagement de moins d'une année ; tout individu attaché à la domesticité doit être muni d'un livret.

Un règlement spécial déterminera les droits et les obligations résultant des livrets.

La forme des livrets et les règles à suivre pour leur délivrance seront déterminées dans chaque colonie, par des arrêtés du Gouverneur en Conseil privé.

13. Toute personne ayant conclu avec des ouvriers ou travailleurs un contrat d'apprentissage ou de louage, d'association, de fermage ou de colonnage, d'une durée d'un an au moins, est tenue de faire à la mairie de la commune, dans les dix jours, une déclaration faisant connaître la date et la durée de la convention, et portant état nominatif des ouvriers ou travailleurs attachés à l'établissement, à l'exploitation ou aux ouvrages entrepris.

Lorsque le contrat d'engagement a été passé hors de la colonie, il doit être déclaré au maire, dans les dix jours de l'arrivée de l'immigrant dans la commune, par le propriétaire, patron ou chef de l'établissement ou d'exploitation où sera placé l'engagé.

Toute mutation dans le personnel des ouvriers ou travailleurs, tout renouvellement, toute résiliation du contrat, donnera lieu à une pareille déclaration dans le même délai de dix jours.

Quiconque se trouvant dans le cas prévu par le présent article, n'aura pas fait, dans les formes et dans les délais déterminés, les déclarations prescrites, sera puni d'une amende de seize francs à cent francs.

TITRE III.

Dispositions de police et de sûreté.

Art. 14. Quiconque aura sciemment engagé à son service des travailleurs qui ne seraient pas libres de tout engagement, sera puni de l'amende, et, selon les circonstances, de l'emprisonnement prononcés par les art. 475, 476 et 478 du Code pénal colonial.

15. Quiconque, par dons, promesses, menaces ou mauvais conseils, aura déterminé ou excité des gens de travail à abandonner, pendant le cours de leur engagement, l'exploitation ou l'atelier auquel ils étaient attachés, sera puni d'un emprisonnement d'un an au moins et de cinq ans au plus, et pourra en outre être condamné à une amende de cent un francs à cinq cents francs.

16. Les vagabonds ou gens sans aveu sont ceux qui, n'ayant pas de moyens de subsistance et n'exerçant habituellement ni métier ni profession, ne justifient pas d'un travail habituel par un engagement d'une année au moins ou par leur livret.

17. Quiconque sera trouvé dans une réunion de vagabonds pourra être puni des peines prononcées contre le vagabondage.

18. Est abrogé l'art. 1er du décret du 27 avril 1848, concernant la répression du vagabondage et de la mendicité aux colonies. Seront appliquées à l'avenir aux faits de vagabondage et de mendicité les peines prononcées par le Code pénal colonial.

19. Tout fait tendant à troubler l'ordre ou le travail dans les ateliers, chantiers, fabriques ou magasins, tout manquement grave des ouvriers ou travailleurs envers

le propriétaire ou le chef d'industrie, ou de ce dernier envers ceux qu'il emploie, sera puni d'une amende de cinq à cent francs, sans préjudice des peines plus fortes qui auraient été encourues à raison des circonstances du délit.

20. Quiconque aura volé ou tenté de voler des récoltes ou autres productions utiles de la terre non encore détachées du sol, dans des cas et avec des circonstances autres que ceux qui sont prévus à l'art. 388 du Code pénal colonial, sera puni des peines prononcées par les articles 465 et 466 dudit Code. Le maximum sera appliqué lorsque le vol aura été commis par deux ou plusieurs personnes.

21. Quiconque se sera introduit dans une habitation ou dans un atelier, contrairement à la volonté du propriétaire, de son représentant ou du chef d'atelier, sera puni d'une amende de cinq francs à cent francs.

La peine sera, en outre, d'un emprisonnement de cinq jours à quinze jours si le coupable se trouve dans l'un des cas indiqués ci-après :

S'il était porteur d'armes ;

S'il a provoqué au désordre ou à l'abandon du travail ;

S'il a adressé des injures au propriétaire, à sa famille ou à ses préposés.

L'amende sera de cent un francs à quatre cents francs et l'emprisonnement de seize jours à deux ans,

Si l'introduction a eu lieu en réunion de deux ou plusieurs personnes,

Ou s'il a été fait usage des armes,

Ou s'il y a eu menace de s'en servir ;

Ou si les provocations ont été suivies d'effet.

Le tout sans préjudice des peines plus graves qui, à raison des circonstances du délit, seraient prononcées par le Code pénal.

TITRE IV.

Dispositions générales.

Art. 22. Les individus condamnés à l'emprisonnement, soit pour les faits prévus par les articles qui précèdent, soit pour fait de mendicité, seront soumis, pendant la durée de leur peine, dans les geôles ou dans les ateliers de discipline, à des travaux dont le régime et les conditions seront réglés par des arrêtés du gouverneur en conseil privé.

23. A défaut de payement, après les premières poursuites, les amendes prononcées en vertu de la présente loi, ainsi que les condamnations aux frais et dépens, seront de droit converties en journées de travail pour le compte de la colonie ou des communes, d'après le taux et les conditions qui seront déterminés par des arrêtés du gouverneur en conseil privé. Faute d'y satisfaire, les condamnés seront tenus d'acquitter leurs journées de travail dans les ateliers de discipline.

24. L'art. 463 du Code pénal colonial est applicable aux cas prévus par les art. 8, 15 et 21 du présent décret.

25. Les dispositions du présent décret ne sont applicables qu'aux colonies de la Martinique, de la Guadeloupe, de la Réunion et de la Guyane.

26. Le ministre secrétaire-d'Etat de la marine et des

colonies est chargé de l'exécution du présent décret, qui sera inséré au *Bulletin des Lois.*

Fait au palais des Tuileries, le 13 février 1852.

LOUIS NAPOLÉON,

Par le Président :

Le ministre secrétaire-d'Etat de la marine et des colonies,

THÉODORE DUCOS.

DÉCRET *du Président de la République.*

LOUIS-NAPOLÉON,

Président de la République française,

Vu l'art. 1er du décret du 13 février 1852 sur l'immigration et la police du travail dans les colonies, ledit article portant :

« Les Immigrants, cultivateurs ou ouvriers, qui seront engagés pour les colonies, pourront y être conduits soit aux frais, soit avec l'assistance du trésor public ou des fonds du service local.

« Les conditions auxquelles les allocations de passage pourront être accordées seront déterminées par un règlement spécial. »

Vu les divers règlements successivement mis en vigueur sur cette matière ;

Sur le rapport du Ministre de la marine et des colonies,

DÉCRÈTE :

TITRE Ier.
Des émigrants.

Art. 1er. Pour être admise aux bénéfices des dispositions du décret du 13 février 1852, l'émigration d'Europe et hors d'Europe, à destination des colonies de la Martinique, de la Guadeloupe, de la Guyane française et de la Réunion, devra se faire aux conditions et conformément aux règles suivantes.

Emigration d'Europe.

Art. 2. L'émigrant d'Europe produira au préfet de son département, ou, s'il est étranger, à telle autre autorité que désignera le ministre de la marine et des colonies, un engagement de travail avec un propriétaire rural d'une des colonies ci-dessus désignées.

Cet engagement contiendra, pour l'engagiste, l'obligation de fournir à l'engagé, outre la rémunération convenue :

1º La nourriture pendant la première année de son séjour, une case et un jardin ;

2º Les outils et les instruments nécessaires au travail pour lequel il est engagé ;

3º Les soins médicaux et les médicaments en cas de maladie ;

4º Les prestations déterminées dans les paragraphes précédents, pour sa femme et ses enfants, s'il est accompagné de sa famille.

L'émigrant devra produire aux mêmes autorités toutes pièces qui lui seront indiquées comme propres à constater son origine, sa profession et sa moralité.

3. L'émigrant chef de famille devra comprendre dans son engagement celui de sa femme et de ses enfants, si ceux-ci sont âgés de plus de dix ans.

4. Seront seuls admis à l'émigration avec le concours des fonds de l'Etat, les individus exempts d'infirmités et âgés de 21 à 40 ans.

Sont exceptés de la condition d'âge, la femme qui accompagne son mari, et les enfants qui suivent leur père ou leur mère.

Des décisions du ministre de la marine fixeront la proportion dans laquelle les femmes devront être comprises dans les enrôlements, suivant la nature et l'importance de chaque opération.

5. Aucun projet d'engagement ne donne droit aux allocations sur les fonds de l'Etat ou des colonies, s'il n'est approuvé par le ministre de la marine, qui vérifie si l'engagiste est en état de remplir ses obligations.

Le ministre pourra déléguer ses pouvoirs à cet égard à l'administration du port d'embarquement ou à l'autorité de la colonie pour laquelle est destiné l'émigrant.

Le ministre réglera, par un arrêté, le montant de l'allocation qui pourra être accordée pour chaque individu, soit comme frais de passage, soit comme secours de route.

Il déterminera par des décisions l'ordre et la proportion dans lesquels pourront être accueillies les demandes d'émigration pour chaque colonie.

6. Sur l'avis qui lui sera adressé, l'émigrant se rendra, pour le jour indiqué, au port d'embarquement où il recevra les secours de route.

Aussitôt que son embarquement sera dûment constaté, versement sera fait entre les mains de l'engagiste ou de son représentant, du montant de l'allocation de passage.

Emigration de pays hors d'Europe.

Art. 7. L'émigration des pays hors d'Europe n'aura lieu, même sans subvention sur les fonds de l'Etat, qu'après avoir été autorisée par le ministre de la marine et des colonies.

8. Il sera créé pour cette émigration un agent spécial au lieu même où elle s'effectuera.

Cet agent veillera aux opérations du recrutement et

à l'embarquement des émigrants. Il leur fera connaître la nature des contrats de travail qu'ils sont appelés à souscrire dans la colonie, les garanties d'exécution qui leur seront assurées, les conditions de leur rapatriement.

Il enregistrera les enrôlements et ne délivrera de permis d'embarquement aux émigrants que si, interrogés individuellement, ils déclarent consentir, en pleine connaissance de cause, à se rendre dans la colonie pour laquelle ils sont recrutés.

Cette déclaration sera faite devant deux témoins, qui en attesteront la vérité, suivant procès-verbal dressé à cet effet.

9. Les émigrants âgés de moins de vingt-et-un ans seront représentés auprès de l'agent de l'émigration par leurs parents ou tuteurs. Ceux qui seront âgés de moins de quinze ans n'obtiendront leurs permis d'embarquement que s'ils accompagnent leur père ou mère ou un parent du deuxième degré.

L'enrôlement des individus infirmes, ou âgés de plus de quarante ans, est formellement interdit.

10. L'agent d'émigration tiendra un registre matricule où il sera fait mention de l'accomplissement des formalités ci-dessus prescrites. Ce registre contiendra, en outre, les indications signalétiques propres à constater l'identité des émigrants.

Au départ du navire, l'agent d'émigration, dressera en double expédition, l'état nominatif avec toutes les indications signalétiques des émigrants embarqués, pour un exemplaire être remis au capitaine, et l'autre être adressé au gouverneur de la colonie à destination de laquelle est faite l'opération.

11. L'administration coloniale ou l'agent de l'émigration, si le recrutement se fait en pays étranger,

pourvoiront au mode d'enrôlement, à la police des agents de recrutement et à tout ce qui sera nécessaire à la protection des émigrants.

12. Les émigrants de l'Inde pourront être dispensés de contracter préalablement l'engagement de travail prévu par l'article 2.

13. Le troisième paragraphe de l'article 4 est applicable aux enrôlements de travailleurs hors d'Europe.

TITRE II.

Du transport des Emigrants.

Art. 14. Tout navire français ou étranger qui reçoit à son bord plus de trente émigrants à destination de l'une des colonies désignées en l'article 1er du présent décret, est réputé spécialement affecté au transport d'émigrants.

Les opérations d'émigration qui dépasseront la limite de trente engagés placés sur le même navire, ne seront admises à participer au bénéfice du décret du 13 février 1852, qu'autant que le bâtiment affecté au transport présentera les conditions ci-après déterminées.

15. Les voyages pour l'émigration sont divisés en deux catégories.

Les voyages de la première catégorie sont ceux de l'Inde et des mers d'Asie, de la côte orientale d'Afrique, de Madagascar ou des Comores à l'île de la Réunion ;

D'Europe, des îles Madère et Canaries ou Açores et de la côte occidentale d'Afrique aux colonies d'Amérique.

Les voyages de la deuxième catégorie sont ceux d'Europe, des îles Madère, Canaries ou Açores, et des côtes occidentales d'Afrique à l'île de la Réunion ;

Des mers de l'Inde et d'Asie, de Madagascar et des Comores aux colonies d'Amérique.

16. Les navires employés aux voyages de la première catégorie ne pourront recevoir plus d'un émigrant par tonneau de jauge, il pourra, de plus, leur être accordé une tolérance basée sur l'espace et que déterminera l'autorité compétente, sans qu'elle puisse jamais s'élever au-delà de 25 0/0 du tonnage légal.

Leurs approvisionnements devront être faits en prévision d'une durée moyenne de traversée calculée, suivant la distance, du point de départ au point d'arrivée, à raison de 30 lieues marines par vingt-quatre heures de navigation.

Ces approvisionnements seront réglés ainsi qu'il suit :

	Viande salée	0ᵏ,200
	ou poisson salé	0 ,214
Par passager	Biscuit	0 ,750
et par jour.	ou riz	1 ,000
	Légumes secs	0 ,120
	Eau	3 litr.

17. Les bâtiments affectés aux voyages de la deuxième catégorie ne pourront recevoir plus d'un émigrant par tonneau de jauge ; ils auront un officier de santé lorsqu'ils devront recevoir plus de la moitié du maximum de leurs passagers.

Leurs approvisionnements seront réglés ainsi qu'il est prévu à l'art. 16.

18. Pour les voyages des deux catégories, lorsque l'émigration aura lieu d'Europe, l'approvisionnement devra de plus comprendre 25 centilitres de vin par émigrant et par jour.

Lorsque l'émigration aura lieu des territoires asiatiques, l'approvisionnement devra comprendre en proportion suffisante les ingrédiens nécessaires à la préparation du repas usuel des indigènes.

19. Les bâtiments des deux catégories ci-dessus spécifiées devront être munis d'une chaloupe et de deux canots indépendamment du canot dit *de service*; de pièces à eau en tôle; de manches à vent et autres appareils propres à assurer la ventilation pendant les gros temps; d'un coffre à médicaments suffisamment pourvu, ainsi que d'une instruction sur l'emploi desdits médicaments.

Ils auront un entre-pont, soit à demeure, soit provisoire, présentant 5 pieds au moins de hauteur entre barrots.

Lorsqu'ils devront recevoir leur nombre réglementaire de passagers ci-dessus déterminé, l'entre-pont sera laissé entièrement libre, sauf les parties ordinairement occupées par le logement du capitaine, des officiers et de l'équipage.

Lorsque le chiffre des passagers sera inférieur au nombre réglementaire, l'espace inoccupé pourra être affecté au placement des provisions, (la viande et le poisson exceptés), des bagages et même d'une certaine quantité de marchandises salubres, le tout réglé proportionnellement à la diminution du nombre des passagers qui aurait pu être embarqué.

20. Les fournitures de couchage seront à la charge de l'armement. Elles devront comprendre une couverture de laine pour chaque individu.

21. Chaque émigrant aura droit à un emplacement de 1 hectolitre au moins pour son bagage et ses instruments aratoires.

22. Pour le calcul du nombre des passagers, de leur nourriture et de l'espace qui leur sera donné à bord, un enfant au-dessus de douze ans, deux enfants de

cinq ans à douze, et trois enfants au-dessous de cir
ans, compteront pour un adulte.

23. Les objets de couchage seront chaque jour exp
sés à l'air, sur le pont, lorsque le temps le permettr

L'entrepont sera purifié avec du lait de chaux a
moins deux fois par semaine.

24. L'approvisionnement obligatoire ci-dessus déte
miné demeure placé sous la surveillance spéciale d
capitaine, qui tiendra la main à ce que la distributio
journalière ait lieu selon les prévisions de l'art. 16 c
dessus.

Pour l'émigration hors d'Europe, la ration de lég
mes secs pourra alterner avec celle de la viande ou d
poisson salé.

25. En cas de prolongation forcée de la durée ord
naire de la traversée, le capitaine, après avoir pris l'av
des officiers et principaux marins de l'équipage, pourr
réduire, suivant l'occurrence, la ration journalière d
passagers.

26. Lorsqu'un navire affecté au transport d'émigran
partira d'un port français d'Europe ou des colonies, l
officiers visiteurs institués par la loi du 13 août 179
indépendamment de leur certification quant à la nav
gabilité du navire, devront constater l'état de ses en
ménagements au point de vue des prescriptions d
articles 19, 20 et 21.

Lorsqu'un navire aura quatre mois de campag
depuis la dernière visite subie, il ne pourra embarqu
des émigrants sans avoir été de nouveau visité, sou
le rapport de la navigabilité, par une autorité françai
compétente.

27. Lorsque le navire partira d'un port français d'E
rope, ou des colonies ou d'un port étranger ayant co
sulat français, constatation sera faite sur le manifest

par la douane ou l'agent consulaire, de la proportionnalité ci-dessus fixée entre les approvisionnements et le chiffre des passagers.

Lorsque le départ aura lieu d'un port étranger où il n'existera pas de consulat français, la constatation sera faite par l'agent mentionné à l'article 8.

28. Si le navire est retenu au port sept jours après son expédition en douane, ou s'il entre dans un autre port après sa sortie, ou s'il prend des passagers en cours de voyage, ses approvisionnements seront proportionnellement complétés, et une nouvelle constatation sera faite à cet égard.

29. En cas de naufrage ou d'une relâche de six semaines, les émigrants ont droit à être pourvus de passages sur d'autres bâtiments.

30. Les infractions aux dispositions qui précèdent, après avoir été constatées au lieu d'arrivée du navire, seront passibles des peines de police prévues par les articles 483 et 484 du Code pénal colonial, sans préjudice de l'action en dommages-intérêts qui pourra être suivie pour défaut d'exécution de contrat civil, à la diligence du commissaire spécial institué par l'article 34 ci-après.

31. Le recouvrement des sommes allouées à titre de dommages et intérêts sera poursuivi solidairement contre l'armateur et le capitaine, et le montant en sera versé à la caisse locale au compte du fonds d'immigration prévu par l'art. 3 du décret du 13 février 1852.

32. Aucun navire affecté au transport d'émigrants ne pourra être expédié qu'après que le capitaine aura fourni, soit au port d'armement, soit au port où seront embarqués les émigrants, bonne et valable caution pour le paiement de tous dommages et intérêts qui pour-

raient être prononcés contre l'armement pour faits
rattachant à l'opération.

33. Indépendamment des poursuites ci-dessus me
tionnées, le ministre de la marine prendra, contre
capitaine des navires français, toutes mesures dis
plinaires que motiveraient des abus de pouvoirs, ex(
ou sévices commis sur les émigrants pendant le voya(

TITRE III.

Des Immigrants.

Art. 34. Le directeur de l'intérieur de chaque co)
nie déléguera un agent de son administration, qui se
chargé, comme commissaire spécial, de contrôler l'
troduction des immigrants et la conclusion de le(
premiers contrats d'engagement, avec les colons.

35. A l'arrivée des navires porteurs d'immigran*
le commissaire spécial se rendra à bord et vérifiera
nombre des passagers et leur identité, d'après l'é
nominatif et signalétique adressé au gouverneur de
colonie, soit par l'agent d'émigration, soit par l'autor
maritime de France, s'il s'agit d'émigrants europée(

Si des décès ont eu lieu pendant le voyage,
commissaire spécial les constatera et en enverra
actes au port d'embarquement. Il devra égaleme
faire transcrire sur les registres de l'état civil les ac
des naissances qui auront eu lieu pendant la travers(

Il recevra les déclarations et, s'il y a lieu,
plaintes des immigrants sur la manière dont ils (
été traités à bord des navires, et s'assurera si tou
les prescriptions écrites au Titre II du présent déc(
ont été observées. En cas de contravention, il dress(
procès-verbal qui sera remis au procureur de la Rép
blique.

36. Les gouverneurs pourvoiront, par des règlements spéciaux, à toutes les mesures de protection que pourra réclamer la situation des immigrants, et notamment, quand il y aura lieu, à l'organisation de syndicats destinés à leur servir d'intermédiaire auprès de l'administration, et d'ester pour eux en justice à fin d'exercice de leurs droits envers leurs engagistes, et de recouvrement de leurs salaires ou de leurs parts dans les produits.

TITRE IV.

Du Rapatriement.

Art. 37. Le droit au passage de rapatriement aux frais de la caisse coloniale, réservé aux immigrants par l'art. 2 du décret du 13 février, sera ouvert à l'expiration de la 5ᵉ année de séjour dans la colonie, sans préjudice du droit que les immigrants se seront réservé par leurs contrats d'engagement, d'être rapatriés, dans un délai plus bref, aux frais des colons au service desquels ils se seront engagés.

L'administration de la colonie aura le droit d'imposer d'office le rapatriement aux frais de la caisse coloniale aux engagés auxquels elle ne croirait pas devoir faire l'application des dispositions répressives du vagabondage.

38. Le commissaire spécial, toutes les fois que les immigrants le requerront, interviendra à l'effet de stipuler et contracter en leur nom avec les capitaines ou armateurs pour leur passage de rapatriement, quand ils seront dans le cas de quitter la colonie en payant leurs frais d'embarquement.

39. Le ministre de la marine et des colonies est

chargé de l'exécution du présent décret, qui sera inséré
au *Bulletin des Lois.*

Fait au Palais des Tuileries, le 27 mars 1852.

LOUIS-NAPOLÉON.

Par le Président :

Le Ministre de la Marine et des colonies,

THÉODORE DUCOS.

Présentation d'un Arrêté d'ensemble sur la Police du Travail et l'Immigration.

RAPPORT A M. LE GOUVERNEUR EN CONSEIL PRIVÉ.

8 Septembre 1855

L'exécution du décret du 13 février 1852 sur les engagements de travail
et l'immigration des travailleurs, a donné lieu jusqu'à ce jour à un certain
nombre d'arrêtés. Mais ces divers actes, successivement émis au fur et à
mesure de la manifestation des besoins et de la modification des faits, lais-
saient beaucoup à désirer. Il était devenu indispensable de les coordonner,
d'en élaguer les dispositions dont l'opportunité avait cessé, d'y apporter les
modifications et les compléments exigés par l'expérience, en un mot, de remplacer ces textes distincts et sans homogénéité par un tout mûrement appro-
prié aux nécessités du moment.

Pénétré de cette conviction, M. le Gouverneur prescrivit un travail de
révision et de coordination et il en chargea une commission de juristes, sous
la présidence de M. le Procureur général, composée de quatre magistrats,
d'un avocat membre du conseil municipal de Fort-de-France et d'un licen-
cié en droit, chef de bureau à la direction de l'intérieur. Cette commission
réunissait toute l'aptitude désirable pour élaborer la matière au point de vue
de la pratique et de la légalité combinées, elle disposait, en outre, d'émi-
nentes lumières, aussi s'est-elle acquittée de sa tâche avec le succès le
plus entier.

Dès le début, je lui avais livré tous les documents à ma disposition sur
la marche des règlements en vigueur et sur les points signalés comme
susceptibles de modifications ; j'ai, en outre, pris part à ses travaux toutes
les fois que M. le Gouverneur a présidé les séances. Il est résulté de ce
concours d'expériences et de bon vouloir, un travail que je crois aussi com-

plet et aussi bon que possible ; c'est en ces termes que je viens le soumettre à l'appréciation du Conseil et à la signature de M. le Gouverneur.

Remontant au décret du 13 février et à son annexe du 27 mars 1852, le projet d'arrêté proposé vient remplacer tous les règlements en vigueur sur les passe-ports à l'intérieur et les livrets, sur le recensement, sur l'immigration, sur la conversion des amendes et sur les ateliers de discipline. Il se compose de trois titres : le premier comprenant tout ce qui concerne la situation des personnes et des propriétés ; l'arrivée dans la colonie et le départ ; le recensement ; le passe-port à l'intérieur. — Le second titre réglementant le travail pour autrui, les conventions de travail et les obligations y afférentes ; les livrets ; le régime des enfants, celui des immigrants. — Le troisième titre ayant pour objet l'exécution des condamnations à l'amende et aux frais ; conversion en journées de travail et régime de l'atelier de discipline.

Pour bien éclairer le Conseil sur les motifs de la rédaction de l'arrêté, je ne crois pouvoir mieux faire que de donner lecture, *in extenso*, du rapport fait sur ce travail par M. le Procureur général, au nom de la commission. Ce document contient toutes les indications utiles pour l'intelligence comme pour l'application du texte. Il n'y a rien à y ajouter, et ce serait en diminuer le prix que d'essayer de l'analyser.

Le Directeur de l'Intérieur, BONTEMPS.

MONSIEUR LE GOUVERNEUR ,

Vous avez institué, sous ma présidence, une commission composée de MM. Mittaine, président de la Cour, Aubenas, Daney, conseillers, Chapus, chef de bureau à la direction de l'intérieur, Quiquéron, avocat, et Desfontaines, substitut, secrétaire, à l'effet d'examiner les arrêtés portant sanction pénale, notamment ceux relatifs à l'exécution du décret du 13 février 1852 ; de résumer tous ces documents en un seul corps et de proposer toutes dispositions nouvelles nécessaires pour compléter la législation en matière d'organisation et de police du travail.

Après avoir successivement préparé les bases de l'arrêté du 28 septembre 1854, sur la conversion des amendes en travail, du 28 novembre de la même année, sur l'introduction des immigrants, du 2 avril 1855 sur les orphelins ; après avoir été appelée à formuler son avis sur votre arrêté du 18 octobre 1854, concernant le recensement ; après avoir consulté les juges de paix, les maires, les commissaires de police, les parquets et s'être entourée de tous les documents utiles, cette commission a enfin entrepris l'œuvre de révision que vous lui aviez confiée, et s'est occupée de réunir et de coordonner, en un seul acte, toutes les décisions intervenues jusqu'à ce jour sur différentes matières d'un intérêt tout à fait général.

Les arrêtés locaux sur ces matières, souvent revisés par des arrêtés postérieurs, avec des modifications dont l'expérience démontrait la nécessité, étaient devenus, il faut le dire, d'une application difficile. Vous avez immédiatement compris, Monsieur le Gouverneur, qu'il était indispensable de ramener l'ordre et l'unité dans notre législation locale, et cela dans l'intérêt des justiciables comme dans l'intérêt d'une bonne administration de la justice ; vous avez poursuivi ce but avec une énergique persévérance.

L'œuvre était longue à faire et difficile à mener à bonne fin ; je suis heureux, monsieur le Gouverneur, de pouvoir vous présenter aujourd'hui le projet qui réalise toute votre pensée : les bases et les principes en ont été discutés, à différentes reprises, sous votre présidence et avec le concours de M. le Directeur de l'intérieur.

Cet arrêté est en 89 articles divisés par titres et chapitres.

Le 1er titre, relatif aux personnes et aux propriétés, comprend trois chapitres, l'un concernant *l'arrivée et le départ*, l'autre *le recensement* et le 3e *le passe-port à l'intérieur*.

Le 2me titre intitulé : *du travail pour autrui*, comprend 4 chapitres : le 1er relatif *aux conventions de travail et aux obligations qui en résultent* ; le 2me relatif *aux livrets* ; le 3me *aux enfants au-dessous de 16 ans*, et le 4me *aux immigrants*.

Enfin, le titre 3me, intitulé : *de l'exécution des condamnations à l'amende et aux frais*, comprend deux chapitres, l'un concernant *la conversion des amendes et frais en travail*, et l'autre *l'atelier de discipline*.

Je vais passer en revue et analyser les principales dispositions du projet, afin d'essayer d'en indiquer l'esprit, ainsi que les résultats que la commission s'est proposée d'atteindre

TITRE Ier.

CHAPITRE Ier.

De l'arrivée et du départ.

Le chapitre 1er du titre 1er a laissé subsister, sur les formalités à remplir *au départ de la colonie*, la législation en vigueur et notamment l'ordonnance locale du 6 avril 1809. Ces formalités consacrées par un long usage et presque semblables à celles qu'une ordonnance assez récente a imposées aux populations de l'Algérie, sont facilement pratiquées et n'ont jamais donné lieu à des objections bien sérieuses. Il me paraît d'ailleurs douteux qu'elles puissent, en l'état, être abrogées ou renouvelées par un arrêté local, le département de la marine ayant été saisi à cet égard, il y a deux ou trois ans, d'une proposition à laquelle il n'a point encore été donné suite.

Il n'en est pas de même des mesures de police concernant les personnes *arrivant dans la colonie*. Il faut reconnaître que, sous ce rapport, la plupart des dispositions des anciennes ordonnances sont tombées en désuétude, particulièrement en ce qui concerne les cautions à l'arrivée, et sans doute à cause du chiffre énorme de ces cautions. L'article 42 de l'ordonnance organique du 9 février 1827, a placé dans les pouvoirs du Gouverneur le droit d'accorder *des permis de débarquement et de séjour conformément aux règles établies*. Tout en maintenant le principe écrit dans les anciens règlements et dans notre ordonnance organique, il a paru cependant convenable de modifier le chiffre du *cautionnement à l'arrivée*, afin qu'une mesure de police ne devint pas une mesure prohibitive pour les personnes qui se rendraient dans la colonie avec l'intention de s'y fixer.

L'arrêté a cherché à concilier sur ce point tous les intérêts, en proportionnant le cautionnement à la situation des individus; tout a été calculé de manière que ce cautionnement fût, en outre, une garantie pour le trésor colonial. Depuis quelques années, un certain nombre d'immigrants, provenant d'Europe ou même des colonies voisines, sont restés à la charge de l'administration, par suite de l'expiration ou de la résiliation amiable de leurs contrats. La colonie s'est vue obligée de leur ouvrir, à grands frais, les portes des hospices et de pourvoir à leur rapatriement. Il devenait urgent de se prémunir, soit au moyen d'un cautionnement personnel, soit au moyen d'un versement à la caisse d'immigration, contre ces éventualités auxquelles l'administration ne peut se soustraire. Cela devenait d'autant plus urgent que le mouvement d'immigration, dans lequel nous entrons, serait de nature à amener de très graves embarras pour le trésor, si les précautions qui ont été prises à l'égard des immigrants introduits avec le concours de l'État, n'étaient pas étendues à tous les immigrants en général, et à tous ceux qui viennent se fixer dans la colonie, soit pour y exercer une profession, soit pour s'y livrer à un travail manuel.

La police relative aux individus arrivant dans la colonie, a paru à la commission suffisamment réglée par le décret du 19 mars 1852 sur les rôles d'équipage, par les arrêtés du 1er juin 1835 et 14 août 1838, ainsi que par l'article 90 de l'arrêté du 22 mai 1840 sur la police des ports et rades. La commission a pensé toutefois qu'il était du devoir de l'administration de faciliter à cet égard l'exécution des règlements existants par des instructions à la police, en la chargeant de se présenter à bord de tout navire arrivant ou partant, à l'effet de vérifier les passe-ports, de se les faire remettre, quand il y aura lieu, et d'y recueillir les renseignements nécessaires à l'application des diverses dispositions du présent chapitre.

La police pourrait, encore, être chargée d'éclairer les capitaines sur les formalités à remplir, quand ils auront des immigrants à leur bord. C'est dans ce but que l'article 5 du projet a pris soin de définir ce qu'on entendait par *immigrant*, en imposant l'obligation de présenter au commissaire de l'immigration tout passager qui rentrerait dans cette catégorie.

Ce n'était pas assez de s'être entouré de toutes ces précautions pour régulariser cette partie si essentielle de l'administration du pays et éviter tout mécompte à l'avenir. Nous avons jugé qu'il était important d'intéresser à l'exécution de l'arrêté la responsabilité des personnes arrivant dans la colonie. C'est là le mobile de l'article 7 du projet.

Ou les personnes arrivant à la Martinique lui appartiennent par leur naissance, leur famille, leurs propriétés; ou elles y sont étrangères. Dans le premier cas, le séjour dans la colonie est de droit, et ne se trouve soumis à aucune condition; dans le second cas, les individus sont assujettis soit à un permis de résidence quand ils n'ont pas l'intention de se fixer, soit à un cautionnement ou à un versement de prime, quand il y a intention de se livrer à une profession ou à un travail manuel. Pour ceux-ci, ils devront toujours être en état de justifier de l'accomplissement des formalités prescrites, s'ils ne veulent pas encourir une peine de simple police ou devenir l'objet de toute autre mesure que l'administration jugerait convenable de prendre. C'est un moyen d'atteindre les individus qui, en s'introduisant furtivement dans le pays, seraient parvenus à se soustraire, au moment de leur arrivée, aux obligations que la loi leur impose.

Sous ces divers rapports les dispositions nouvelles, ajoutées aux règles déjà établies, tout en les tempérant, donnent à l'administration des garanties suffisantes, sans gêner la circulation et le jeu des intérêts privés.

CHAPITRE II DU TITRE Ier.

Du Recensement.

Le recensement établi dans la colonie par l'arrêté du 18 octobre 1854, avait pour but, en facilitant la perception et l'équitable répartition de l'impôt, d'arriver à la fixité des noms de chaque contribuable et de mettre un terme aux embarras résultant de la confusion de ces noms sur les passe-ports et les livrets. Le nouveau projet laisse subsister l'arrêté du 18 octobre, en ce qui touche le recensement proprement dit ; il a seulement essayé de compléter le système par des innovations qui ont une base dans les mœurs et dans les habitudes locales, et a renvoyé aux chapitres qui les concernaient, des articles relatifs aux passe-ports et aux livrets qui avaient transitoirement trouvé place dans l'arrêté.

D'après le nouveau système, l'extrait d'immatriculation n'est pas immédiatement délivré à l'intéressé ; il reste entre les mains du recenseur qui a opéré l'immatriculation, ou à qui il est présenté pour le visa annuel ; il est transmis par le recenseur au percepteur et par celui-ci aux maires des communes des intéressés ou aux commissaires de l'inscription maritime, pour les inscrits, au fur et à mesure que les parties se libèrent envers le trésor de l'impôt personnel exigible. L'impôt personnel de l'année courante ne peut être exigé que lorsqu'il est intégralement dû.

L'article 18 du projet est relatif aux changements de résidence. Antérieurement, ces changements de résidence étaient accompagnés, tant pour le passe-port que pour le livret, de déclarations au maire de la commune que l'on quittait et à celui de la commune où l'on fixait sa nouvelle résidence ; il était facile de se soustraire à l'accomplissement de cette formalité : la loi était donc constamment violée.

D'après le projet, la déclaration de changement de résidence doit se faire au recenseur, et les formalités varient suivant qu'il y a ou qu'il n'y a pas de changement de circonscription de recensement.

La condition première du changement de résidence est la quittance de l'impôt de l'année courante : cette condition n'est pas exceptionnelle ; elle est empruntée aux habitudes et à la législation de la métropole ; elle assure le recouvrement de l'impôt d'après les rôles établis pour chaque commune, et avant que l'individu n'abandonne la commune sur les rôles de laquelle il est inscrit. S'il essaye d'échapper à la formalité, il continuera à être maintenu sur les anciens rôles, et s'il n'est pas trouvé dans la commune où il est régulièrement immatriculé, il devra être activement recherché par les recenseurs et les percepteurs, aidés de la police, non-seulement pour la perception de l'impôt, mais, en outre, pour la poursuite de la contravention prévue par l'art. 25.

Aux cahiers de recensement prescrits sans distinction par l'arrêté du 18 octobre, ont été substituées des feuilles de recensement auxquelles sont seulement astreints les propriétaires, chefs d'industrie agricole, les industriels et commerçants.

L'art. 21 du projet énonce toutes les indications que doivent contenir les feuilles de recensement, suivant la position de chacun, et fait revivre un mode de procéder qui venait fructueusement en aide à l'administration pour le recensement de la propriété coloniale.

Quant aux personnes qui ne se trouvent pas comprises dans les catégories dont il vient d'être parlé, elles ont été exonérées d'une formalité qui, dans un grand nombre de cas, pouvait être une charge assez lourde; elles resteront seulement obligées de faire au recenseur, au moment du visa annuel, une déclaration verbale dans laquelle ce fonctionnaire puisera d'utiles renseignements pour la mission qu'il a à remplir.

Toutes les précautions paraissent avoir été prises pour que la population imposable ne puisse se soustraire à la formalité du recensement et à la constatation de l'identité des citoyens; c'était là le résultat que vous poursuiviez, Monsieur le Gouverneur, dans une pensée de justice et d'équitable répartition de l'impôt; je crois qu'il a été atteint par une série de dispositions d'une exécution aussi simple et facile que sévère et efficace en même temps.

Il ne vous échappera pas, Monsieur le Gouverneur, que les pénalités encourues pour les contraventions aux articles 11, 18, 19, 20 et 23, ne comportent qu'une amende de 5 à 100 francs. D'accord avec votre pensée, nous avons cru devoir écarter, en cette matière, la peine de l'emprisonnement, d'abord parce que la nature de ces contraventions y répugne, ensuite parce que la pénalité a d'autant moins besoin d'être forte que la loi est d'une exécution plus sûre et plus certaine; enfin, parce que le non-paiement de l'amende conduit infailliblement à la contrainte par corps qui s'exerce dans un atelier de discipline.

CHAPITRE III DU TITRE Ier.

Des Passe-Ports à l'intérieur.

Sur le régime des passe-ports à l'intérieur, j'ai peu de chose à dire : les textes sont clairs et indiquent suffisamment les intentions de la commission. Il importe seulement d'expliquer succinctement la différence qui existe entre le système du projet et celui des arrêtés antérieurs.

Aux termes de l'arrêté de 1850, tous les individus, âgés de 16 ans accomplis, étaient tenus de se munir d'un passe-port à l'intérieur. Lors de l'inauguration du régime des livrets, il y eut dans la colonie deux catégories de citoyens, les uns soumis au passe-port, conformément à l'arrêté précité, les autres soumis au livret, conformément à l'arrêté du 9 octobre 1852.

Le projet efface complétement cette distinction : tous les individus âgés de 16 ans accomplis, étant obligés de se munir d'un extrait d'immatriculation, cet extrait devient passe-port, quand il a été revêtu du visa annuel des maires.

Les municipalités continuent à percevoir, sur ces extraits, la taxe d'un franc qui était exigée antérieurement au moment du visa des passe-ports et des livrets ; mais, ainsi que cela a été déjà dit, l'extrait n'est pas directement présenté au visa par les intéressés ; il est transmis au maire après l'acquittement de l'impôt et remis par celui-ci à l'intéressé après le paiement de la taxe municipale ; il n'y a qu'une exception à cette règle, elle est prévue par l'art. 18.

Il est à remarquer que le passe-port ainsi visé ne vaut que pour une année. Afin d'éviter que, par leur négligence à présenter l'extrait d'immatriculation au visa, les intéressés n'éloignent progressivement, chaque année, la date de ce visa, et ce malgré les recherches de la police, l'article 27 a pris soin de dire que le point de départ est la date de l'extrait d'immatriculation, et que, pour valoir comme passe-port, le visa doit toujours être demandé dans l'année à partir de cette date. Il sera utile d'appeler sur ce point la surveillance de la police et de lui faire comprendre que, dans la recherche des contraventions, elle doit particulièrement se préoccuper de la date de l'extrait, afin d'apprécier s'il a été visé dans l'année et, par suite, si le passe-port est valable.

Je n'ai pas besoin d'attirer votre attention, Monsieur le Gouverneur, sur l'avant-dernier paragraphe de l'article 27 concernant les immigrants ; c'est une véritable disposition de police. En déclarant que pour les immigrants, le bulletin d'immatriculation ne vaut passe-port *que dans les limites de la commune*, nous avons eu principalement en vue de les maintenir dans les limites de leur résidence, et de mettre un terme à des absences et à des pérégrinations très-préjudiciables à l'agriculture. Il en résulte pour les agents de la force publique, le droit et le devoir de ramener dans leurs communes les immigrants qui s'en écarteraient, tout en transmettant à l'autorité les réclamations que ceux-ci croiraient convenable de lui faire parvenir.

Ce chapitre contient quelques dispositions pénales sévères ; mais vous voudrez bien remarquer qu'elles ne s'appliquent qu'à des faits empreints d'un caractère tout à fait frauduleux.

TITRE II.

CHAPITRE Ier

Des conventions de Travail et des obligations qui en résultent.

Les articles 33 et suivants renferment des dispositions complémentaires du décret du 13 février 1852 ; ils énoncent certains cas qui constituent, *ipso facto*, et par la force comme par la nature des choses, de véritables engagements de travail, de véritables conventions synallagmatiques : tel est le fait par un employé d'avoir reçu de son employeur des avances constatées sur le livret ; tel est encore le fait par un employé d'être établi sur une habitation rurale, à condition de donner son travail, soit au salaire, soit de tout autre façon, et moyennant la concession d'une case ou d'un jardin.

Dans le premier cas, l'engagement dure tant que dure la dette ; dans le second, les parties conservent la faculté de faire cesser l'engagement, en se prévenant un mois d'avance. Ces dispositions ont paru à la commission irréprochables au point de vue de la légalité, et parfaitement propres à concilier les intérêts bien entendus de l'employeur et de l'employé, d'autant plus que le livret, dont il sera question ultérieurement, est appelé à recevoir les constatations de toutes les conventions de cette nature.

Les dispositions pénales destinées à protéger ces engagements ont été tout naturellement empruntées au décret du 13 février 1852.

Dans les articles 6 et 7 du décret, les employeurs et employés trouveront réciproquement le moyen de faire exécuter leurs conventions.

L'article 14 du même décret, protégera les employeurs contre ceux qui engagent sciemment à leur service des travailleurs qui ne sont pas libres de tout engagement.

L'article 15 aura pour mission de réprimer l'embauchage et de mettre un frein à la concurrence qui ne craint pas de recourir à des moyens déshonnêtes et frauduleux pour satisfaire un intérêt de spéculation.

Je n'ai pas besoin de vous faire observer, M. le Gouverneur, que la loi ne vous accorde pas le pouvoir de créer des délits et d'édicter des peines correctionnelles. Aussi, en renvoyant à l'article 15 dont il s'agit, vous ne légiférez pas ; vous ne faites que rappeler un principe consacré par la loi, et applicable chaque fois qu'il existe, entre employeur et employé, un engagement librement contracté et légalement consigné sur le livret.

En vue d'assurer l'exécution des articles 6 et 7 du décret du 13 février, l'article 36 du projet prescrit aux employeurs la tenue d'un journal sur lequel ils doivent inscrire l'accomplissement de toutes les obligations qui leur sont imposées, ainsi que les manquements des employés.

A cette prescription ne se rattache aucune sanction pénale. Le journal est un élément qui pourra être très utile au juge en cas de contestations portées devant les tribunaux. C'est au propriétaire à comprendre que son intérêt lui impose le devoir de se conformer à la règle de conduite qui lui est tracée par le projet.

Le chapitre dont je m'occupe en ce moment, reproduit, du reste, différentes dispositions qui se trouvent déjà consacrées par notre législation locale. Nous y avons ajouté un principe qui devait prendre place parmi les devoirs de l'employé : ce principe, conforme à tous nos usages agricoles, est écrit dans l'article 39 concernant les heures dont se compose la journée de travail, ainsi que diverses obligations à remplir, les jours fériés, et qui ne sauraient être considérées comme *travail*. Cette dernière obligation n'est applicable, il faut le dire, qu'aux immigrants et à ceux qui louent tous leurs services au mois d'ou à l'année.

L'article 40 détermine enfin les cas où le travailleur est tenu de se munir d'un livret.

CHAPITRE II DU TITRE II.
Des Livrets.

Disons tout de suite, en rapprochant les chapitres 1er et 2 du présent titre, que le livret n'a plus dans le projet le caractère que lui avait donné les arrêtés antérieurs sur la matière. L'ancienne organisation avait en vue d'utiliser la répugnance que les travailleurs avaient tout d'abord manifestée contre le livret, et de les pousser vers les engagements du travail qui étaient considérés, à juste titre, comme plus profitables à l'agriculture. De là ces deux catégories, dont j'ai parlé, d'individus soumis au passe-port et au livret. Il faut reconnaître que le but excellent qu'on a poursuivi n'a pas été atteint. Bientôt revenus de leur première répugnance contre le livret, les travailleurs se sont presque tous empressés de s'y soumettre, le livret leur offrant plus de liberté d'action que le passe-port avec un engagement de travail.

Nous avons dû prendre les choses au point où elles en étaient arrivées dans la pratique et chercher à en tirer le meilleur parti possible. Cette préoccupation des auteurs du projet, appuyée de votre assentiment, monsieur le Gouverneur, justifie et explique le § 2 de l'article 40 qui ne dispense du livret que l'engagé de plus d'une année qui loue tout son temps à l'engagiste.

Le livret étant purement et simplement destiné aujourd'hui à constater les conventions de travail, la régularité de ce travail, et le compte réciproque de l'employeur et de l'employé, il convenait de le propager, de le régulariser et de l'organiser, autant dans l'intérêt de l'industrie agricole et des cultivateurs eux-mêmes, que dans l'intérêt de la police du travail au point de vue administratif. Aussi, dans le nouveau projet, une fois visé et délivré par le maire avec les énonciations dont il est question à l'article 42, le livret n'est plus présenté au visa annuel ni au visa municipal en cas de changement de domicile.

Le visa à l'entrée et à la sortie ainsi que le règlement mensuel sont maintenus pour tout individu travaillant au mois, à l'année, ou habituellement au compte d'un même employeur.

Mais en ce qui concerne les individus travaillant pour des employeurs différents et échappant par ce fait aux formalités ci-dessus indiquées, l'arrêté contient une innovation salutaire dont les effets se feront apprécier par l'exécution. Ou ces individus ont un domicile propre, ou ils n'en ont pas. Pour les premiers, le livret est visé à l'entrée, mensuellement, et à la sortie par le propriétaire qui loge le porteur ; ce visa doit faire mention du prix et du paiement de loyer : en cas de non paiement, le propriétaire peut se refuser au visa mensuel et au visa de sortie. L'individu qui a un logement, qui travaille et dont la conduite est régulière doit payer son loyer ; ce paiement est une garantie pour la société ; le non-paiement est une présomption contre le porteur du livret. Il y a là un puissant moyen d'action pour la police, action à laquelle les propriétaires sont eux-mêmes intéressés, parce qu'ils y trouvent une protection contre de nombreux abus dont ils sont chaque jour victimes. Pour les individus n'ayant pas de domicile qui leur soit propre, ils sont astreints à l'inscription à la police, et leur livret doit être mensuellement visé par le commissaire de police.

Ces dispositions ont eu surtout en vue de réglementer le travail et la présence de journaliers dans les villes, et dans les principaux bourgs de la colonie. Depuis l'émancipation, un grand nombre d'individus ont quitté la campagne pour se réfugier dans les centres de populations où la plupart vivent au jour le jour dans un demi-vagabondage. L'arrêté sur les commissionnaires, pris en 1852, mollement exécuté par les municipalités qui l'ont, pour ainsi dire, laissé tomber en désuétude, n'a été qu'un remède insuffisant à cette situation. Nous entrons, par le nouveau projet, dans une voie plus radicale. Inscrits sur un registre tenu dans les commissariats de police, tous les journaliers, sans domicile connu, sont, pour ainsi dire, placés sous la surveillance de l'administration. Le visa mensuel des livrets pourra être refusé par la police, sauf recours à l'autorité supérieure, quand la conduite des individus sera jugée dangereuse dans les villes; et ceux-ci pourront être poursuivis pour vagabondage, quand ils ne seront pas en mesure de justifier de l'emploi de leur temps.

La police, qui se trouvait, pour ainsi dire, sans action sur la population exhubérante des grands centres, est armée par le nouveau projet d'un droit et de moyens de surveillance qui, mis en œuvre avec modération, mais avec fermeté, doivent refouler vers les campagnes où la population manque, les membres parasites des villes de St.-Pierre et de Fort-de-France.

Le chapitre des livrets reproduit d'ailleurs plusieurs dispositions des arrêtés antérieurs, sur lesquelles il est inutile d'insister ; je signalerai seulement l'article 51 par lequel nous avons créé une contravention de demi-vagabondage.

Les deux premiers chapitres du titre 2 sont peut-être, au point de vue légal, les plus importants du projet par les questions qui s'y rattachent, et, au point de vue du travail, ceux qui intéressent le plus directement l'agriculture coloniale. Nous avons fait tous nos efforts, Monsieur le Gouverneur, pour réaliser vos intentions, en nous maintenant dans les limites de la plus stricte légalité.

L'origine des pouvoirs qui vous sont conférés, en cette matière, réside dans le décret du 4 septembre 1852 qui vous a transféré les attributions d'abord réservées à un règlement d'administration publique : c'est de ce principe que nous avons déduit toutes les conséquences résumées dans les principales dispositions des deux chapitres que je viens d'analyser.

CHAPITRE III DU TITRE II.

Dispositions spéciales aux enfants.

La plupart des dispositions spéciales aux enfants ne sont que la reproduction de l'arrêté du 2 avril 1855, concernant les orphelins ; nous y avons toutefois ajouté un article (54) relatif à la police de l'enfance et en même temps à la police des villes et bourgs.

Il existait, en effet, dans les villes et bourgs un mal réel, reconnu de tous, mais auquel la législation locale n'avait encore cherché à appliquer aucun remède. Ce mal, nous ne saurions le dissimuler, devait être attribué, en grande partie, aux écoles gratuites, qui arrachaient l'enfance à l'agriculture pour la réunir dans les centres de population ; ces écoles étaient l'occasion, et souvent le prétexte, des émigrations d'enfants dont nos places publiques étaient parfois encombrées.

La taxe imposée à l'écolage par votre arrêté en date du 21 novembre 1853, a été un bienfait dont les habitations rurales ont déjà assez largement profité. L'art. 54 du projet est appelé à compléter la mesure, en interdisant le séjour des villes et bourgs aux mineurs de moins de 16 ans, lorsque leurs parents ou tuteurs n'y seront pas résidents, à moins qu'ils n'y soient régulièrement mis en apprentissage avec un livret, ou dans les écoles, ou enfin placés temporairement chez des personnes présentant toute garantie de moralité.

La sanction pénale prévue par les 2e et 3e § § de l'article, permettra d'en assurer l'exécution, avec quelques efforts bien dirigés de la police locale.

CHAPITRE IV DU TITRE II.

Dispositions spéciales aux immigrants.

L'arrêté du 28 novembre 1854 sur l'introduction des immigrants, a été inséré presque tout entier dans le chapitre 4 : *dispositions spéciales aux immigrants*, avec quelques modifications dont je vais parler.

L'art. 67 en prohibant les transferts de contrats d'engagement qui ne seraient pas justifiés par un acte dûment enregistré et notifié au commissaire spécial de l'immigration, a régularisé un mode de procéder qui avait été consenti par l'administration sur la demande des engagistes. L'administration est autorisée à accepter les transferts de fait dans les cas dont elle se réserve l'appréciation.

L'art. 68 a pourvu, dans l'intérêt de la caisse d'immigration, à un embarras sérieux, celui qui pouvait provenir, quant au paiement des droits proportionnels, de la résiliation d'un contrat d'engagement avant le terme fixé par ce contrat.

Tenue de faire face aux frais de rapatriement des immigrants introduits avec le concours des fonds de l'Etat ou de la colonie, l'administration a dû prendre ses précautions pour s'assurer, dans tous les cas, les ressources qui lui sont départies par la loi en vue de pourvoir à cette dépense. L'engagiste est responsable du paiement des droits, sauf son recours, s'il y a lieu, contre l'engagé. Le commissaire spécial de l'immigration, en vertu des communications qui lui sont dues aux termes de l'art. 64, et le service de l'enregistrement, sont naturellement appelés à surveiller les mouvements qui s'opèrent dans les contrats et à défendre sur ce point les intérêts du trésor.

L'article 69 confère au commissaire spécial les attributions de syndic, avec une modification à l'art. 13 de l'arrêté du 28 novembre. Cette disposition a donné lieu, dans le sein de la commission, à une discussion approfondie. Dans un intérêt d'ordre et de protection bien entendue, la commission a voulu que les immigrants ne pussent ester en justice que par le commissaire spécial ou les délégués qu'il aurait le droit de choisir. Son intention a été de fermer la porte à des procès hasardés, à des contestations sans fondemens, de sauvegarder les immigrants contre les incitations des mauvais conseils, et de confier enfin au commissaire spécial l'appréciation des circonstances dans lesquelles il conviendra de saisir les tribunaux. Nous avons pensé qu'il y avait pour les immigrants une garantie suffisante dans l'impartialité du commissaire de l'immigration qui n'agit, du reste, que sous l'influence et l'autorité de l'administration supérieure.

TITRE III.

CHAPITRE I.
De la conversion des amendes et frais en travail.

Le chapitre relatif à la conversion des amendes et frais en travail, n'est, sauf quelques modifications de détail, que la reproduction de l'arrêté du 28 septembre 1854.

L'art. 75 me paraît seul susceptible de donner lieu à quelques explications. En cas de jugements *définitifs* prononcés par les tribunaux de simple police, il doit être remis au condamné, immédiatement, et à l'audience même, une sommation d'acquitter, dans la quinzaine, le montant des condamnations, ou de fournir un engagement de travail dans les conditions de l'article 71.

La plupart des jugements, en matière de contravention, sont définitifs. Le mode de procéder prescrit par le 3e § de l'art. 75 présente donc l'avantage de simplifier les formes, de marcher vite, d'éviter aux huissiers et à l'enregistrement la recherche des condamnés et d'épargner à ceux-ci, le plus souvent, des frais de voyage qui demeurent à leur charge. Ce service est facile à organiser ; il suffit pour cela que le receveur de l'enregistrement se concerte avec le commissaire de police et l'huissier audiencier de la justice de paix et que l'officier ministériel soit nanti de formules imprimées dont il n'aura que les blancs à remplir.

CHAPITRE II DU TITRE III.
De l'atelier de discipline.

Le chapitre II du titre III traite de l'atelier de discipline ; c'est le complément du système ; c'est la véritable sanction pénale ; c'est là où viennent aboutir certaines condamnations à l'emprisonnement, et toutes les condamnations pécuniaires prononcées par les tribunaux de police, quand il n'y a pas paiement en argent, ou paiement moyennant un engagement de travail.

La commission s'est contentée de poser des principes dont le développement et l'exécution sont confiés à des consignes ou décisions spéciales émanées de la direction de l'intérieur. De plus, elle a pris soin de résoudre quelques questions qui avaient soulevé des doutes, entr'autres, celle de savoir si l'ancienne législation sur la contrainte par corps était encore en vigueur, en présence du système inauguré par les articles 23 du décret du 13 février 1852, 10 du décret du 16 août 1854 et par l'arrêté local rendu en exécution de ces textes. Ces questions sont résolues dans le dernier paragraphe de l'article 82 et dans l'article 86 du projet que j'ai l'honneur de vous soumettre.

J'ai terminé ce long rapport dans lequel j'ai cherché à expliquer, à justifier les modifications apportées aux arrêtés existants et à donner la substance du nouveau projet.

La commission, Monsieur le Gouverneur, n'a rien négligé pour mériter la confiance dont vous l'avez honorée. Elle vous remercie, par mon organe, d'avoir bien voulu l'associer à l'élaboration d'une œuvre dont le but est d'établir l'équilibre dans la société coloniale transformée en 1848, de ramener la régularité dans le travail, d'assurer l'égalité des citoyens devant les charges de l'impôt, et de concilier les principes sacrés de l'ordre moral avec les priviléges toujours respectables de la liberté.

Je suis avec respect, Monsieur le Gouverneur,

Votre très-obéissant serviteur,

Le Procureur général impérial, président de la commission,

Ch. LAROUGERY.

Nous, Contre-Amiral, Gouverneur de la Martinique,

Vu l'article 9 du Sénatus-Consulte organique du avril 1854;

Vu les Décrets des 13 février et 27 mars 1852, sur les engagements de travail et l'immigration des travailleurs dans les colonies;

Vu le décret du 4 septembre de la même année, relatif aux mesures concernant l'application du régime de Livrets;

Vu l'article 10 du Décret du 16 août 1854, sur la nouvelle organisation judiciaire;

Vu l'article 137 du Code d'instruction criminelle

Vu l'avis de la Commission spéciale présidée par le Procureur général;

Sur le rapport du Directeur de l'intérieur;

Et de l'avis du Conseil privé,

Avons arrêté et arrêtons ce qui suit:

TITRE Iᵉʳ.

Des personnes et des propriétés.

CHAPITRE Iᵉʳ.

De l'arrivée et du départ.

Art. 1ᵉʳ. Conformément à la législation en vigueur, nulle personne étrangère à la colonie, ne peut y être débarquée sans avoir obtenu un permis de séjour ou de résidence (1).

Nul ne peut sortir de la colonie, sans avoir obtenu un passe-port pour l'extérieur ou avoir fait viser celui dont il est porteur (2).

Art. 2. Le permis de résidence est délivré par le Directeur de l'Intérieur ou son délégué; il ne peut être accordé que moyennant caution signée par deux personnes solvables et domiciliées, s'engageant solidairement à pourvoir, jusqu'à concurrence d'une somme de 500 fr., aux soins, en cas de maladie, et spécialement au rapatriement de l'intéressé, s'il venait à tomber dans l'indigence.

Il pourra être accordé un simple permis de séjour à durée limitée de trois mois au plus, sauf renouvellement, aux individus qui, n'ayant point l'intention de se fixer dans la colonie, présenteront par eux-mêmes des garanties suffisantes.

Art. 3. La caution de 500 fr., exigée pour obtenir le permis de résidence, sera réduite à 250 fr. en faveur de tous individus qui demanderont à s'établir dans la colonie pour s'y livrer à un travail manuel quelconque, sans toutefois contracter un engagement de travail pour autrui.

Dans ce cas, le cautionnement pourra être suppléé par le versement à la caisse de l'immigration, d'une prime destinée à couvrir les dépenses d'hospice et de rapatriement auxquelles la colonie ne peut se soustraire, lorsque, par une

---

(1) Voir le décret du 19 mars 1852, sur les rôles d'équipage, les arrêtés locaux des 1ᵉʳ juin 1835 et 14 août 1838, et l'art. 90 de l'arrêté du 22 mai 1840, sur la police des rades et ports *(Bulletin officiel de la Martinique)*.

(2) Voir au Code de la Martinique, volume 5, l'ordonnance du 6 avril 1809, et la proclamation du 27 avril 1840.

cause quelconque, ces individus deviennent incapables de travail et indigents. →

La prime à payer sera de 24 fr. pour les individus provenant des îles Antilles; de 36 fr. pour ceux venant d'Europe; de 48 fr. pour ceux venant de la côte d'Afrique, et de 60 fr. pour ceux venant de l'Inde et autres lieux situés au-delà du cap de Bonne-Espérance.

Art. 4. Il est expressément défendu à tout capitaine, maître ou patron de laisser descendre à terre aucun immigrant, avant d'y être autorisé par le commissaire de l'immigration. Le capitaine, maître ou patron, qui ne se conformera pas à cette disposition, sera passible d'une amende de 100 f.

Art. 5. Est réputé immigrant tout individu qui, n'étant pas né dans la colonie ou n'y ayant pas sa famille, arrive, avec ou sans le concours de l'Etat, muni d'un engagement contracté hors de la colonie, ou vient y contracter un engagement de travail pour autrui.

Art. 6. Aucun immigrant, introduit sans le concours de l'Etat ou de la colonie, ne pourra obtenir un permis de résidence, si son engagiste ne prend envers l'administration l'obligation cautionnée de le soigner en cas de maladie et de le rapatrier à l'expiration de son engagement, soit que cette expiration résulte des stipulations du contrat, soit qu'elle provienne de résiliation amiable ou judiciaire, sauf recours s'il y a lieu, contre l'immigrant.

Toutefois, si le contrat de l'immigrant n'impose pas à l'engagiste l'obligation de le rapatrier à l'expiration de l'engagement, le permis de résidence pourra être accordé moyennant l'accomplissement des prescriptions de l'art. 3.

Art. 7. Tout individu étranger à la colonie et qui, à son arrivée, ne se sera pas conformé aux dispositions qui précèdent, sera puni d'une amende de 100 fr., et, suivant les circonstances, d'un emprisonnement de un à quinze jours, sans préjudice de peines plus graves, s'il y a lieu.

CHAPITRE II.

Du Recensement.

Art. 8. Le territoire de la Martinique est divisé en circonscriptions pour le recensement permanent des propriétés bâties et non bâties, rurales et urbaines, et pour celui de la population imposable, sans préjudice du recensement statistique de la population attribué aux municipalités.

Art. 9. Ce recensement permanent est confié à des agents des contributions directes, qui prennent le titre de recenseurs.

Art. 10. Il est tenu par les soins des recenseurs :

1° Un registre matricule pour l'inscription de tous les individus imposables résidant dans leur circonscription;

2° Un registre cadastral de toutes les propriétés bâties ou non bâties.

Art. 11. Toute personne, quels que soient son sexe, son emploi, sa position, qu'elle travaille ou non pour autrui, est tenue, à partir de l'âge de 16 ans accomplis, de se faire immatriculer sur le registre matricule de la commune de sa résidence, par le recenseur de sa circonscription.

Art. 12. Nul ne peut être immatriculé par les recenseurs, si, n'étant immatriculé nulle part, il ne produit son acte de naissance ou d'individualité, ou, s'il n'est pas né dans la colonie, une pièce de nature à y suppléer. Dans le cas où il ne serait pas connu personnellement du recenseur, il devra, en outre, produire deux témoins dignes de foi attestant son identité.

Toutefois, les femmes et les enfants mineurs peuvent être représentés par leurs maris, pères, mères ou tuteurs, et l'immatriculation peut avoir lieu sur le vu des pièces.

Art. 13. Extrait de cette immatriculation doit être adressé, dans les 24 heures, par le recenseur au percepteur des contributions.

Quand il y aura lieu, le recenseur fera précéder sa signature de l'indication du dégrèvement de l'impôt personnel.

Art. 14. Le percepteur annotera sans retard les dégrèvements sur les rôles et, dans les 24 heures, transmettra aux Maires des communes des intéressés ou aux commissaires de l'inscription maritime, pour les inscrits, les extraits d'immatriculation concernant les personnes dégrévées, ainsi que ceux concernant les individus qui se seraient antérieurement libérés envers le trésor de l'impôt personnel exigible.

Il gardera en dépôt les extraits d'immatriculation dés contribuables n'ayant point encore acquitté l'impôt personnel exigible, pour les transmettre à qui de droit, au fur et à mesure que les intéressés se libéreront envers le trésor.

L'impôt personnel de l'année courante ne sera exigé par le percepteur que lorsqu'il sera intégralement dû.

Art. 15. L'extrait d'immatriculation doit être présenté, tous les ans, au visa du recenseur et transmis par lui, dans les 24 heures, au percepteur qui opérera, comme il est dit en l'article précédent.

Mention de ce visa sera faite par le recenseur, sur le registre matricule, à l'article concernant l'intéressé.

Art. 16. Les officiers de l'état civil doivent, dans les premiers jours de chaque trimestre, adresser au recenseur de leur circonscription, la liste nominative, relevée sur les registres de l'état civil, des individus qui ont accompli leur seizième année pendant le trimestre précédent.

Ils doivent également faire connaître au recenseur les actes de l'état civil qui sont de nature à affranchir de l'impôt personnel ou à modifier les noms.

Les recenseurs adresseront à la direction de l'intérieur la liste nominative de ceux de ces individus qui ne résident pas dans leur circonscription, avec tous les renseignements utiles pour découvrir le lieu de leur résidence actuelle.

Art. 17. L'inspecteur des contributions transmettra régulièrement aux recenseurs des circonscriptions où ils ont déclaré vouloir se fixer, les noms des individus auxquels il a été délivré des permis de résidence, soit par suite d'arrivée dans la colonie, soit par suite de libération d'engagement.

Art. 18. Tout individu qui veut porter sa résidence d'une commune dans une autre, doit en faire la déclaration au recenseur de sa circonscription et lui présenter la quittance de l'impôt de l'année courante.

Si l'intéressé reste dans la circonscription du recenseur, il lui sera délivré, sur le champ, un nouvel extrait d'immatriculation qui sera visé par le Maire, et l'ancien extrait sera détruit.

Si l'intéressé change de circonscription de recensement, le recenseur inscrira sur son passe-port la déclaration de changement de résidence; le passe-port, ainsi annoté, sera présenté au recenseur de la nouvelle circonscription, qui délivrera immédiatement un nouvel extrait aussi visé par le Maire, puis transmettra l'extrait déposé au recenseur de la dernière circonscription. Celui-ci radiera alors l'intéressé de son registre d'immatriculation et, par suite, du rôle des impositions personnelle, mobilière et des patentes de l'année suivante, le tout sans préjudice des dispositions de l'art. 104 du code Napoléon.

Art. 19. Tout propriétaire, lorsqu'il en est requis, est astreint à fournir au recenseur la description de ses propriétés bâties ou non bâties, et à produire, à l'appui, s'il y a lieu, ses titres de propriété.

Le service de l'enregistrement doit fournir, au commencement de chaque trimestre, à chaque recenseur, un état indiquant toutes les mutations survenues pendant le trimestre précédent, dans les propriétés de sa circonscription.

Art. 20. Tout propriétaire d'immeubles ruraux ou urbains, tout chef d'industrie agricole, qu'il soit propriétaire, géreur, locataire ou fermier, tout principal locataire d'immeubles bâtis ou non bâtis servant à l'exploitation d'une industrie quelconque, et, en général, tout industriel ou commerçant, doit se pourvoir à la Mairie de sa commune, dans le courant du mois de septembre de chaque année, d'une feuille imprimée qu'il remplira, certifiera et remettra à la Mairie, dans la première quinzaine d'octobre suivant.

Ce document sera transmis au recenseur, le 15 octobre, par le Maire avec ses observations, s'il y a lieu.

Art. 21. Tout individu assujéti à fournir une feuille de recensement, est tenu :

1° Comme *Propriétaire*,

De déclarer toutes ses propriétés rurales et urbaines, bâties et non bâties, avec indication des propriétaires voisins pour les propriétés rurales, et la désignation des rues et numéros pour ses propriétés bâties des villes et bourgs;

D'indiquer celles de ses propriétés non bâties qu'il exploite lui-même et, pour celles qu'il loue ou afferme, les noms des principaux locataires, des gér
eurs ou fermiers;

De déclarer, pour toutes ses propriétés bâties des villes et bourgs, le nom des locataires s'il ne les occupe lui-même, et dans tous les cas, le montant des loyers annuels ou la valeur locative, avec désignation de la part afférente au logement personnel et de celle qui incombe aux boutiques, magasins, etc.;

2° Comme *Chef d'industrie agricole*;

De déclarer l'étendue des terres qu'il exploite, la nature des cultures et le nombre d'hectares affectés à chacune d'elles, le nombre et l'espèce des animaux;

De déclarer le revenu net imposable de toutes les terres ainsi que la valeur locative de toutes les cases ou autres bâtiments d'habitation qui, n'étant point affectés à la culture ou à l'exploitation de la canne à sucre, ne paient pas l'impôt foncier sous forme de droit à la sortie; de ce nombre sont les cases, les jardins, les savanes, mis à la disposition des colons partiaires et autres individus qui, ne donnant point un travail régulier de cinq jours par semaine au moins à la culture et à l'exploitation de la canne à sucre, vivent d'industries particulières imposables, conformément au troisième § de l'article 3 de l'arrêté du 16 janvier 1850;

De désigner d'une manière très-précise les bâtiments employés à la fabrication de la canne à sucre et ceux servant de logement aux travailleurs exclusivement affectés à l'industrie sucrière et aux travaux accessoires que cette culture comporte, tant que ces bâtiments ne seront pas imposés directement;

D'inscrire la liste nominative de tous les individus résidant, à quelque titre que ce soit, sur la propriété qu'il exploite, en distinguant ceux qui sont engagés ou affectés exclusivement à l'industrie sucrière de ceux qui se livrent accessoirement ou complétement à des industries parti-

culières. Cette liste comprendra, en outre, les enfants au-
dessous de 16 ans, avec indication de l'âge, du sexe et du
nombre de ceux employés à la culture;

3° Comme *Industriel* ou *Commerçant*,

De déclarer la nature et l'importance de son industrie ou
de son commerce et de donner tous les renseignements
utiles pour l'application équitable de l'impôt;

S'il emploie des ouvriers ou autres individus résidant
chez lui, d'en donner la liste nominative, ainsi que celle des
enfants au-dessous de l'âge de 16 ans, avec indication de
ceux qui se livrent à un travail manuel.

Art. 22. Tout père, mère ou tuteur et en général tout
individu ayant à ses soins ou à son service des mineurs âgés
de moins de 16 ans, s'il n'est assujéti à fournir une feuille
de recensement, doit, au moment où il se fait immatriculer,
et chaque année au moment où il fait viser son extrait d'immatriculation, déclarer au recenseur les noms, prénoms,
âge et sexe de ces enfants, et désigner ceux qui fréquentent
les écoles, ainsi que ceux qui sont en apprentissage ou employés à la culture.

Art. 23. Toutes les feuilles de recensement à fournir
conformément aux prescriptions précédentes, doivent re-
produire fidèlement les noms, prénoms, surnoms, ainsi que
le numéro d'immatriculation, tels qu'ils figurent sur les
extraits d'immatriculation pour tous les individus âgés de
16 ans au moins.

Art. 24. Toute contravention aux articles 11, 18, 19, 20
et 23 du présent chapitre, sera punie de 5 à 100 francs
d'amende.

CHAPITRE III.

Des Passe-Ports à l'intérieur.

Art. 25. La formalité du passe-port à l'intérieur est obligatoire pour toute personne généralement quelconque de
l'un et de l'autre sexe, ayant domicile dans la colonie et
âgée de 16 ans accomplis.

Sont seuls dispensés de cette obligation les officiers,
sous-officiers et soldats faisant partie des corps de troupe

qui composent la garnison, et par suite leurs femmes
leurs enfants habitant avec eux.

Art. 26. L'extrait du registre matricule de recenseme
par le fait de l'apposition du visa du maire de la commu
de la résidence, devient passe-port, à l'intérieur valable po
une année à partir du jour de sa date.

Pour continuer à valoir passe-port, il doit être obligat
rement visé par le recenseur et le maire à l'expiration
chaque année.

Les visas du Maire seront précédés de ces mots : *sujet à*
vret, ou *non sujet à livret*, et s'il y a lieu, engagé ch
M........

Pour apprécier la situation des individus, le Maire
conformera aux dispositions des articles 12 et 13 du c
cret du 13 février 1852 et à ce qui sera dit au chapitre
livrets.

Le Maire ne pourra apposer son visa que sur les extra
transmis par le percepteur ou le recenseur. Il lui est f
mellement interdit de viser les passe-ports qui lui serai
présentés directement par les intéressés, et qui par su
ne porteraient pas le visa annuel du recenseur.

Le visa du Maire donnera lieu à une taxe d'un franc
profit de la commune.

Les individus dégrévés l'obtiendront à titre gratuit.

Art. 27. Pour les marins inscrits, le visa du Maire s
remplacé par celui du Commissaire de l'inscription ma
time du quartier ; ce visa sera gratuit et ne vaudra pas
port que dans les limites de la circonscription mariti

En ce qui concerne les immigrants, le bulletin d'imm
triculation dont il sera parlé ci-après vaudra passe-po
quand il aura été visé par l'engagiste, mais seulement d
les limites de la commune.

Enfin le permis de séjour, délivré aux individus non
miciliés dans la Colonie, vaudra passe-port pendant
trois mois de sa date.

Art. 28. Tout individu non pourvu de passe-port ou p
teur d'un passe-port irrégulier sera puni d'une amende
cinq à cent francs.

Art. 29. Le passe-port à l'intérieur doit être exhibé à première réquisition de la police ou de la gendarmerie, par toute personne généralement quelconque dont le domicile et l'identité ne seraient pas suffisamment connus de ces agents de la force publique, sous peine d'une amende de 5 à 20 francs.

En cas de refus d'exhibition, le récalcitrant sera conduit par-devant le Maire, ou à défaut, par-devant l'adjoint ou le Commissaire de police du lieu, qui constatera les contraventions, soit aux articles qui précèdent, soit au présent article, et prescrira ensuite, selon qu'il y aura lieu, la mise en liberté ou le dépôt à la maison de police et l'envoi à la disposition de la justice ou de l'autorité administrative.

Art. 30. L'usage du passe-port d'autrui est formellement interdit et donnera lieu contre le contrevenant à une amende de 61 à 100 francs et à un emprisonnement de 5 à 15 jours.

La répression sera la même tant à l'égard de l'individu qui aurait prêté son passe-port, qu'à l'égard de celui qui en aurait fait usage.

Art. 31. Quiconque prendra un passe-port sous un nom supposé, sera poursuivi et puni conformément aux dispositions de l'article 154 du Code pénal (1).

Art. 32. En cas d'usure ou de changement de résidence, le passe-port sera renouvelé; le vieux passe-port sera détruit.

En cas de perte, déclaration en sera faite au recenseur qui transmettra à qui de droit, par l'intermédiaire du percepteur, un extrait d'immatriculation par *duplicata*.

L'intéressé réclamera à la Mairie de sa commune, son nouveau passe-port qu'il obtiendra moyennant paiement de la taxe ordinaire au profit de la commune, en cas d'usure ou de changement de résidence et d'une taxe double en cas de perte.

---

(1) Article 154 du Code pénal colonial. — Quiconque prendra, dans un passe-port ou dans un permis de résidence ou de départ, un nom supposé, ou aura concouru comme témoin à faire délivrer le passe-port ou un permis de résidence ou de départ, sous le nom supposé, sera puni d'un emprisonnement de trois mois à un an.

Les logeurs et aubergistes qui, sciemment, inscriront sur leurs registres, sous des noms faux ou supposés, les personnes logées chez eux, seront punis d'un emprisonnement de six jours au moins et d'un mois au plus.

Les recenseurs transmettront hebdomadairement à la Direction de l'intérieur la liste de tous les extraits délivrés par duplicata. Copie de ces listes sera adressée à tous les commissaires de police et à toutes les brigades de gendarmerie, à l'effet de rechercher et d'arrêter ceux qui feraient usage des primatas.

TITRE II.

Du travail pour autrui.

CHAPITRE Iᵉʳ.

Des conventions de travail et des obligations qui en résultent.

Art. 33. L'engagement de travail résulte :

1° Des conventions passées conformément aux dispositions du décret du 13 février 1852 au titre des engagements de travail ;

2° Du fait par un employé d'avoir reçu de son employeur des avances, à titre de salaires, duement constatées sur le livret ;

3° Du fait par un employé d'être établi sur une habitation rurale à condition de donner son travail, soit à salaire, soit de toute autre façon, et moyennant la concession d'une case ou d'un jardin, le tout devant être constaté sur le livret.

Art. 34. En cas d'avances faites par l'employeur à l'employé, et à défaut de conventions contraires, l'engagement durera jusqu'au remboursement en travail de la totalité de ces avances.

Pendant la durée de ce contrat pour cause d'avances, le livret de l'employé restera en dépôt entre les mains de l'employeur qui donnera en échange un certificat de dépôt. Ce certificat reproduira les mentions portées sur le livret et relatives aux avances faites.

En cas d'engagement par la jouissance d'une case ou d'un jardin, les parties seront toujours libres de le faire cesser, en se prévenant un mois d'avance.

Art. 35. Sont assimilés aux avances constitutives d'engagement de travail, au profit de ceux qui auront pris l'engagement de les payer, les frais de traitement, dans les hospices, de tout individu qui ayant été soigné dans ces établissements au compte des communes, des hospices et même des particuliers, y aura recouvré la santé et sera sorti en état de se livrer au travail.

Cette disposition n'est point applicable aux soins dus par les engagistes aux engagés dans certains cas déterminés par les contrats.

Art. 36. Les dispositions du décret du 13 février 1852 sont applicables à tous les cas d'engagement de travail ci-dessus mentionnés (1).

En vue d'assurer l'exécution complète des articles 6 et 7 dudit décret, il sera tenu par les engagistes un journal, coté et paraphé par le juge de paix du canton, sur lequel ils inscriront tous les faits de nature à constater l'accomplissement de toutes les obligations qui leur sont imposées par leurs conventions, telles que fournitures de prestations en nature, paiement des salaires, etc.

Ils inscriront également sur ce journal tous les manquements des engagés, et spécialement ceux qui pourront donner lieu à l'application de la retenue fixée par l'article 6 pour chaque journée d'absence ou d'abstention de travail sans motifs légitimes.

Art. 37. Toutes les fois que l'engagiste requerra l'application du § 2 de l'article 7 du décret précité, il devra produire son journal à l'appui de sa plainte.

L'apport de ce même journal pourra être ordonné par le juge, chaque fois qu'il y aura plainte portée contre l'engagiste, aux termes du § 1er de l'article 7 du même décret.

Art. 38. Dans tous les cas de travail au mois ou pour un temps indéterminé, les parties seront tenues de se prévenir huit jours d'avance de leur intention de se quitter, sous peine d'une amende de 5 à 20 francs.

Art. 39. — Conformément à l'usage établi, la journée de travail commence au lever et se termine au coucher du soleil ; elle est coupée par un repos de 2 heures 1/2.

---

(1) Voir *suprà* les articles 6, 7, 8, 14, 15, etc., du décret du 13 février 1852.

N'est pas considérée comme travail l'obligation de pourvoir, les dimanches et jours fériés, aux soins que nécessiten les animaux et aux besoins de la vie habituelle, pour tou individus travaillant au mois ou à l'année.

Art. 40. — Tout individu travaillant pour autrui, soit à la tâche, soit à la journée, soit en vertu d'un engagemen de moins d'une année, tout individu attaché à la domesticité doit être muni d'un livret.

L'engagement de plus d'une année qui dispense du livre conformément aux articles 12 et 13 du décret du 13 février 1852, ne s'entend que de celui par lequel l'engagé lou tout son temps à l'engagiste.

Le livret ne sera pas exigé des enfants au-dessous d douze ans travaillant pour autrui.

Toute infraction au présent article sera punie des peine de simple police.

CHAPITRE II.

Des Livrets.

Art. 41. Le livret a pour but de constater les conventions de travail, la régularité de ce travail et le compte ré ciproque de l'employeur et de l'employé.

Art. 42. A cet effet, le livret, outre les noms, prénoms surnoms, âge, lieu de naissance et numéro d'immatricula tion relevés sur l'extrait d'immatriculation ou passe-port contiendra : La profession du porteur et la manière dont ell est exercée, à savoir, s'il travaille à l'année, au mois, à l journée ou à la tâche.

Ces premiers renseignements seront inscrits sur le livre par le Maire ou un de ses adjoints qui signera et fera si gner le porteur ou mentionnera qu'il ne sait signer.

Art. 43. Pour tout individu travaillant à l'année, au moi ou habituellement au compte d'un même employeur, l livret contiendra la constatation du travail exécuté, au moye d'un visa à l'entrée, et à la sortie, et du règlement mensue des salaires ou des parts, inscrits par l'employeur sur l livret.

Toutefois pour les domestiques logés chez leurs maîtres

le règlement pourra n'avoir lieu qu'annuellement, à charge par ces derniers de donner avis à la police du départ de tout domestique qui n'aurait pas fait viser son livret à la sortie.

En ce qui concerne les individus travaillant à la tâche ou à la journée, pour des employeurs différents et échappant, par ce fait, aux visas ci-dessus prescrits, le livret contiendra la constatation du domicile, au moyen d'un visa inscrit à l'entrée, mensuellement, et à la sortie par le propriétaire qui loge le porteur, que le loyer soit au nom de celui-ci ou au nom de ses parents ou tuteurs.

Le visa d'entrée fera mention du prix du loyer ; le visa mensuel et le visa de sortie constateront le paiement de ce loyer.

En cas de non paiement du loyer, ou de l'impôt mobilier dont les propriétaires sont responsables, aux termes des articles 22 et 23 de la loi du 21 avril 1832, les propriétaires ou principaux locataires pourront refuser les visas mensuels et de sortie (1).

Art. 44. Les individus, n'ayant ni employeur habituel ni domicile propre, sont astreints à l'inscription au bureau de la police. Leur livret fera mention de cette inscription et sera soumis au visa mensuel du commissaire de police.

Art. 45. Dans aucun cas, il ne sera fait sur le livret d'annotations favorables ou défavorables au porteur, sous peine d'une amende de 5 à 20 f.

---

(1) *Loi du 24 avril 1832.* — Art. 22. En cas de déménagement hors du ressort de la perception, comme en cas de vente volontaire ou forcée, la contribution personnelle et mobilière sera exigible pour la totalité de l'année courante.

Les propriétaires, et, à leur place, les principaux locataires, devront, un mois avant l'époque du déménagement de leurs locataires, se faire représenter, par ces derniers, les quittances de leur contribution personnelle et mobilière. Lorsque les locataires ne représenteront point ces quittances, les propriétaires ou principaux locataires seront tenus, sur leur responsabilité personnelle, de donner dans les trois jours avis du déménagement au percepteur.

Art. 23. — Dans le cas de déménagement furtif, les propriétaires, et, à leur place, les principaux locataires deviendront responsables des termes échus de la contribution de leurs locataires, s'ils n'ont pas fait constater dans les trois jours ce déménagement par le Maire, le Juge de paix ou le Commissaire de police.

Dans tous les cas, et nonobstant toute déclaration de leur part, les propriétaires ou principaux locataires demeureront responsables de la contribution des personnes logées par eux et désignées à l'article 15.

Art. 46. Les employeurs, propriétaires ou principaux locataires sont responsables du visa d'entrée.

Ils ne peuvent sans motif légitime refuser le visa de sortie.

Les porteurs de livrets sont responsables des visas de sortie, sauf, en cas de refus, leur recours au Maire ou au Commissaire de Police : le tout sous peine d'une amende de 5 à 20 francs.

Seront punis de la même peine les employeurs, propriétaires ou principaux locataires qui négligeront d'apposer sur le livret le visa mensuel ou qui, en cas de refus de la part de l'employé de présenter son livret, omettraient d'en donner avis à la police.

En cas de refus constaté de l'employé, une amende de 5 à 40 francs sera prononcée contre lui.

Tout individu, assujetti au visa du Commissaire de police et qui ne se sera pas conformé à cette prescription, sera passible des peines de simple police, et, s'il ne peut justifier de l'emploi de son temps, il sera poursuivi pour vagabondage, conformément à l'article 16 du décret du 13 février 1852 (1).

Art. 47. Toute personne assujettie à viser des livrets doit s'assurer, préalablement à l'apposition des visas, que le porteur est muni de son passe-port en règle, sous peine d'une amende de 5 à 10 francs.

Tout employeur qui occupera une personne non munie de livret ou pourvue d'un livret irrégulier, sera puni d'une amende de 5 à 20 francs, et sera poursuivi, s'il y a lieu, en exécution de l'article 14 du décret du 13 février 1852.

Art. 48. Toute inscription mise sur le livret, dans le but d'assurer frauduleusement au porteur les avantages attachés au livret par le présent arrêté, donnera lieu contre le contrevenant à une amende de 61 à 100 francs et à un emprisonnement de 5 à 15 jours.

---

(1) Art. 16 du décret du 13 février 1852. — Les vagabonds ou gens sans aveu sont ceux qui, n'ayant pas de moyens de subsistance et n'exerçant habituellement ni métier ni profession, ne justifient pas d'un travail habituel par un engagement d'une année au moins ou par leur livret.

Art. 49. L'usage d'un livret par un individu autre que le titulaire, aussi bien que le prêt de ce livret par le titulaire, sera puni d'une amende de 61 à 100 francs et de 5 à 15 jours de prison.

Art. 50. Le livret, ou, en cas d'engagement pour cause d'avances, le certificat de dépôt doit être exhibé à première réquisition de la police ou de la gendarmerie par tout individu dont le passe-port porte : *Sujet à livret,* sous peine de 5 à 10 francs d'amende, sans préjudice de peines plus fortes, s'il y a lieu, et même de poursuites pour vagabondage.

Art. 51. Tout individu dont le livret ne porte pas de visa d'employeur constatant un travail régulier, est tenu, lorsqu'il en est requis par la police ou la gendarmerie, de justifier de l'emploi de son temps, en désignant les travaux auxquels il s'est livré et en indiquant les personnes pour lesquelles il a travaillé.

S'il résulte de la vérification des faits qu'ils sont inexacts, il sera passible des peines de simple police, sans préjudice de peines plus graves, s'il y a lieu.

Art. 52. Les livrets seront confectionnés aux frais des communes par les soins de l'administration ; ils contiendront les textes relatifs aux obligations principales de l'employeur et de l'employé, ils seront délivrés par les Maires ; ils ne peuvent l'être que sur le vu du passe-port. Ils seront cotés et paraphés sur chaque feuillet.

Il ne sera perçu pour leur délivrance que le prix de confection ; ce prix ne peut dépasser 0 f. 25 c.

Art. 53. Le livret usé est remplacé sur le vu du vieux livret.

Le livret perdu ne peut être remplacé que sur un certificat des derniers employeurs.

Dans tous les cas de remplacement, il est fait mention en tête du livret neuf du motif de ce remplacement.

CHAPITRE III.

Dispositions spéciales aux Enfants.

Art. 54. Le séjour des villes et bourgs est interdit à tous

les mineurs de moins de 16 ans dont les parents ou tuteu
n'y seront pas résidants, à moins qu'ils n'y soient régulièr
ment mis dans les écoles ou en apprentissage avec un l
vret, ou enfin qu'ils n'y soient placés temporairement p
leurs parents chez des personnes notoirement connues
présentant toute garantie de moralité.

Les parents ou tuteurs sont responsables de l'exécuti
du présent article et pourront être punis d'une amende
5 à 100 fr. en cas de contravention.

La même amende sera appliquée à ceux qui auraie
indûment retenu ces enfants.

Art. 55. Les enfants de huit à seize ans, n'ayant ni pè
ni mère, ni ascendants, non pourvus d'une tutelle rég
lière, et que l'administration jugera abandonnés, sont pl
cés sous la surveillance de l'autorité administrative.

Art. 56. Ces orphelins pourront, suivant les circonstanc
être mis en apprentissage, à des conditions qui seront r
glées par l'administration, chez des maîtres-ouvriers, sur
habitations des particuliers, ou sur les habitations dom
niales.

Les personnes chez lesquelles ces enfants seront plac
pourvoiront à leur nourriture et à leur entretien.

Art. 57. Toute personne ayant chez elle des orpheli
de huit à seize ans, n'ayant ni père, ni mère, ni ascenda
ou non pourvus d'une tutelle régulière, est tenue de
déclarer au Maire de sa commune, dans le délai d'un m(
à partir de la huitième année des dits orphelins, sous pe
d'une amende de 5 à 20 francs.

Art. 58. Ceux qui auraient soigné les orphelins dans l
première enfance pourront être autorisés à les conser
chez eux, à la charge de justifier que ces enfants sont e
ployés à des travaux utiles et susceptibles de leur procu
un état.

Art. 59. L'administration aura toujours la faculté de
prendre les orphelins confiés à des tiers, quand elle jug
que ces orphelins ne reçoivent pas une direction propr
garantir suffisamment leur moralité et leur avenir.

CHAPITRE IV.

Dispositions spéciales aux Immigrants.

Art. 60. Un bureau de la Direction de l'Intérieur est chargé du service de l'immigration.

Le chef de ce bureau a le titre de commissaire spécial de l'immigration.

Art. 61. Tous les immigrants, de quelque lieu qu'ils proviennent, seront immatriculés sur des registres tenus par les soins du commissaire spécial.

Ces registres, comme ceux de l'inscription maritime, renfermeront tous les renseignements utiles.

Un bulletin d'immatriculation délivré par le commissaire d'immigration tiendra lieu de permis de résidence.

Art. 62. Le commissaire de l'immigration n'accordera le permis de résidence aux immigrants engagés que sur le dépôt de leur contrat d'engagement, dûment enregistré, transféré à un employeur, si ce contrat a été passé hors de la colonie, et, si l'immigrant arrive sans contrat, que moyennant l'accomplissement des conditions prescrites par l'article 6 du chapitre 1er du titre 1er du présent arrêté.

Mention sera faite sur le contrat d'engagement déposé au bureau de l'immigration de l'accomplissement de ces conditions. Même mention sera faite sur le bulletin d'immatriculation qui tient lieu de permis de résidence.

Art. 63. Tous contrats de transfert, de réengagement ou de résiliation qui, aux termes de l'art. 4 du décret du 13 février 1852, seraient passés devant les Maires ou devant les Greffiers de Justice de Paix, ou qui, en vertu du droit commun, le seraient devant les officiers publics ou de toute autre manière, devront, dans les trente jours de leur date, être déposés, dûment enregistrés, au bureau d'immigration sous peine, pour l'engagiste qui ne se serait pas conformé à cette prescription, d'une amende de 16 à 100 fr., indépendamment, s'il y a lieu, de la pénalité encourue pour défaut d'enregistrement dans les délais.

Art. 64. Avis doit être donné au commissaire de l'immigration dans le délai de dix jours :

1° Par les Maires, Greffiers des Justices de Paix et Officiers publics, de tout acte de transfert, de réengagement o
de résiliation passé devant eux ;

2° Par le Greffier du Tribunal qui aura statué, de tout
résiliation prononcée par autorité de justice et de tout ju
gement intervenu, soit entre engagistes et immigrants en
gagés, soit sur la poursuite d'office du ministère public ;

3° Par les Maires, à l'expiration de chaque trimestre
des naissances et des décès survenus parmi les immigrant
résidant dans leur commune.

Art. 65. Le commissaire de l'immigration doit, dans le
trente jours du dépôt, donner copie certifiée à l'engagist
et à l'engagé de tout contrat remis entre ses mains.

Ces copies portent en tête le numéro d'immatriculation
Celle de l'engagiste porte en marge la note des droit
proportionnels d'enregistrement dus, ainsi que les époque
d'échéance.

Art. 66. Le droit fixe d'enregistrement de 30 fr. et l
premier semestre du droit proportionnel égal au 20ᵉ de
salaires en numéraire, doivent être payés au bureau du lie
de débarquement et avant la délivrance du permis de rési
dence, pour tout immigrant arrivant dans la colonie *avec l
concours des fonds de l'Etat ou de la colonie.*

Le droit fixe de 30 fr. sur chaque transfert ou renouvel
lement d'engagement des immigrants déjà introduits, est dû
dans les 20 jours de la date de l'acte, sous peine de l'ap
plication du double droit.

Le droit proportionnel est payé dans tous les cas pa
semestre et d'avance ; faute par le débiteur d'avoir satisfai
à cette obligation. dans le délai de vingt jours qui suivr
l'échéance du semestre précédent, il sera passible du dou
ble droit et contraint au paiement par les voies ordinaire
du service de l'enregistrement.

Art. 67. Tout transfert de fait, qu'il soit définitif ou
temporaire, est prohibé, s'il n'est justifié par un acte dû
ment enregistré et notifié au commissaire spécial de l'im
migration, à moins qu'il ne s'agisse de transferts faits tem
porairement à l'administration.

Quiconque employant à son service des immigrants engagés, ne pourra produire un transfert dans les conditions ci-dessus, sera passible des peines de simple police.

Art. 68. Toute résiliation de contrat d'engagement passé avec un immigrant donnera lieu au paiement intégral et immédiat à la caisse de l'enregistrement de tous les droits proportionnels dus jusqu'à l'expiration du contrat résilié.

L'engagiste est responsable de ce paiement, sauf répétition, s'il y a lieu, contre l'engagé.

Art. 69. Le commissaire de l'immigration aura le droit de correspondre, pour tout ce qui a trait à ses attributions, tant avec les maires et les commissaires de police qu'avec les propriétaires et engagistes; aux termes de l'article 36 du décret du 27 mars 1852, il remplira les fonctions de syndic, et les immigrants ne pourront ester en justice que par lui ou ses délégués, à fin d'exercice de leurs droits envers les engagistes et de recouvrement de leurs salaires ou de leurs parts dans les produits. (1)

Le commissaire de l'immigration devra assurer le versement au trésor de toutes les sommes que les immigrants indiens voudraient envoyer dans l'Inde à leurs familles.

Les sommes versées au trésor de la Martinique seront payées dans l'Inde par les soins de l'administration de Pondichéry.

TITRE III.

De l'exécution des condamnations à l'amende et aux frais.

CHAPITRE Ier

De la conversion des amendes et frais en travail.

Art. 70. Les amendes ainsi que les condamnations aux frais et dépens prononcées par les tribunaux de police, seront converties de droit en travail à la journée ou à la tâche, à défaut de paiement dans la quinzaine des premières poursuites.

---

(1) Voir *suprà* les articles 34 et suivants du décret du 27 mars 1852.

Art. 71. Les prestations de travail auront lieu soit dans les ateliers des habitations rurales des particuliers, du domaine ou des communes, soit dans les ateliers des entrepreneurs de routes ou autres.

Tout employeur qui consentira à employer un dettier de l'Enregistrement, souscrira l'engagement de retenir la moitié des salaires de l'employé et de compter, mensuellement d'avance, cette retenue à l'enregistrement jusqu'à parfait paiement.

La retenue mensuelle ne pourra être moindre de cinq francs quand la dette ne dépassera pas cinquante francs, et de dix francs dans tous les autres cas.

Art. 72. Tout dettier, qui refusera de s'acquitter envers l'enregistrement au moyen d'un travail fourni dans les conditions ci-dessus indiquées, sera mis dans un atelier de discipline.

Sera également mis à l'atelier de discipline tout dettier qui manquerait à l'engagement contracté soit envers l'Etat, soit envers les particuliers, en abandonnant l'atelier ou en refusant d'y travailler régulièrement.

Art. 73. Chaque journée de travail effectif à l'atelier de discipline ou chaque tâche représentative d'une journée de travail, libérera le condamné de la somme *d'un franc*. Le service de l'enregistrement n'aura rien à réclamer pour le montant des journées de travail ou des tâches fournies à l'atelier de discipline.

Art. 74. Les dettiers détenus à l'atelier de discipline ne pourront se libérer qu'en payant la totalité des sommes restant dues.

Toutefois ceux qui se feront remarquer par leur bonne conduite, leur zèle et leur activité au travail, pourront être admis à se libérer en contractant un engagement dans les conditions de l'art. 71 du présent arrêté.

Art. 75. Le commandement prévu par l'art. 33 de la loi du 17 avril 1832 sur la contrainte par corps, contiendra sommation, à défaut de paiement en argent, de justifier, dans la quinzaine, d'un engagement conforme aux dispositions de l'art. 71 précité (1).

Faute par le condamné de faire cette justification dans ledit délai, au bureau de l'enregistrement, il sera, à la diligence du service de l'enregistrement et sur les réquisitions du Directeur de l'intérieur, arrêté et conduit à l'atelier de discipline pour y rester jusqu'à l'acquittement de sa dette, conformément aux dispositions de l'article 73.

Toutefois, en cas de jugements *définitifs*, prononcés par les tribunaux de simple police, il sera remis, immédiatement, et à l'audience même, à chaque condamné, une sommation d'acquitter dans la quinzaine le montant des condamnations ou de fournir un engagement de travail dans les conditions de l'article 71 ci-dessus, avec déclaration que, faute par lui de ce faire dans ledit délai, il sera arrêté et conduit à l'atelier de discipline.

Art. 76. Si le débiteur est détenu, la recommandation pourra être ordonnée immédiatement après la notification du commandement, et faute par le débiteur de faire les justifications ci-dessus, il sera conduit à l'atelier de discipline à l'expiration de la peine principale.

Art. 77. A l'expiration du temps de séjour à l'atelier de discipline, le dettier recevra un certificat constatant sa libération. Ce certificat sera délivré par le Directeur de l'intérieur.

Avis de la mise en liberté du condamné sera transmis au service de l'enregistrement pour la décharge du receveur.

CHAPITRE II.

De l'atelier de discipline.

Art. 78. Un atelier de discipline est établi à Fort-de-France pour recevoir :

---

(1) Article 33 de la loi du 17 avril 1832.

Dans le cas où le jugement de condamnation n'aurait pas été précédemment signifié au débiteur, le commandement portera en tête un extrait de ce jugement, lequel contiendra le nom des parties et le dispositif.

Sur le vu du commandement et sur la demande du receveur de l'enregistrement et des domaines, le Procureur du Roi adressera les réquisitions nécessaires aux agents de la force publique et autres fonctionnaires chargés de l'exécution des mandements de justice.

Si le débiteur est détenu, la recommandation pourra être ordonnée immédiatement après la notification du commandement.

1° Pendant la durée de leurs peines les individus au-dessus de 16 ans, condamnés pour mendicité ou pour les faits prévus par le décret du 13 février 1852 et conformément à l'article 22 dudit décret;

2° Les dettiers de l'enregistrement, conformément aux dispositions de l'article 23 du décret du 13 février 1852 et de l'art. 10 du décret du 16 août 1854 (1).

Art. 79. En dehors des heures de travail les femmes seront séparées des hommes.

Les condamnés au-dessous de 16 ans seront placés dans la maison de correction.

Art. 80. Les disciplinaires seront employés, sous les ordres du capitaine de port et sous la surveillance des agents de l'établissement, aux travaux de curage du port, des canaux, des rivières et à tous autres dont les dépenses incombent à la colonie. Des détachements de cet atelier pourront aussi être envoyés sur les points où leur présence sera jugée utile. Ces mouvements seront réglés par le Gouverneur.

Art. 81. L'atelier de discipline est placé sous la direction d'un régisseur nommé par le Gouverneur, sur la proposition du Directeur de l'intérieur et la présentation du capitaine de port.

Le régisseur aura sous ses ordres des surveillants.

Art. 82. Les condamnés écroués dans les prisons et mis à la disposition de l'autorité administrative ne seront envoyés à l'atelier de discipline qu'autant qu'ils auront été reconnus propres au travail.

En ce qui concerne les dettiers disciplinaires, à leur arrivée, ils seront présentés à la visite du médecin de l'établissement, et d'après son rapport il sera statué sur leur admission par l'autorité supérieure.

---

(1) Voir *supra* les articles 22 et 23 du décret du 13 février 1852.

Article 10 du décret du 16 août 1854, sur l'organisation judiciaire : À défaut de paiement dans la quinzaine des premières poursuites, les condamnations à l'amende et aux frais prononcées par les tribunaux de police, sont, de droit, converties en journées de travail pour le compte et sur les ateliers de la colonie ou des communes, d'après le taux et les conditions réglés par arrêtés des gouverneurs, en Conseil.

Faute de satisfaire à cette obligation, les délinquants sont contraints à acquitter leurs journées de travail sur les ateliers de discipline.

En cas d'inaptitude momentanée, les dettiers pourront être mis provisoirement en liberté et renvoyés dans leurs foyers, à la charge par eux de se constituer volontairement après le rétablissement de leur santé, et faute de se constituer dans le délai qui leur aura été accordé, ils seront arrêtés de nouveau, les frais de cette seconde capture demeurant à leur charge.

Toutefois, l'administration conserve la faculté de leur faire application, s'il y a lieu, des dispositions de la loi de 1832 et de celle du 13 décembre 1848 sur la contrainte par corps.

Art. 83. Il sera procédé de la même manière à l'égard des dettiers qui, pendant la durée de leur séjour à l'atelier de discipline, deviendraient impropres au travail par suite de maladie ou d'infirmité.

Art. 84. La nourriture des disciplinaires est la même que celle des prisonniers.

Art. 85. Les punitions à infliger aux disciplinaires, selon la gravité de leurs fautes, sont :

1° La corvée hors tour,

2° La réclusion dans les cellules ordinaires pendant les heures de repos,

3° La cellule de correction,

4° La cellule ténébreuse.

On ne peut infliger :

La corvée pour plus de vingt-quatre heures,

La réclusion, pendant les heures de repos, pour plus de huit jours,

La cellule de correction pour plus de quinze jours,

La cellule ténébreuse pour plus de huit jours, avec réduction au pain et à l'eau de deux jours sur trois.

Ces deux dernières peines ne pourront être infligées que par le capitaine de port ; il lui sera rendu compte de toutes les autres.

Art. 86. Il ne sera pas tenu compte aux dettiers disciplinaires, pour leur libération, du temps passé dans les cellules de correction ou, indûment, hors de l'atelier disciplinaire.

Art. 87. Une décision spéciale du Directeur de l'intérieur

approuvée par le Gouverneur, réglera l'exécution des dispositions du présent chapitre.

DISPOSITIONS GÉNÉRALES.

Art. 88. Sont et demeurent abrogés :

1° L'arrêté sur le Recensement, du 18 octobre 1854 ;

2° L'arrêté du 19 octobre 1850, sur le Passe-Port à l'intérieur ;

3° Les arrêtés des 9 octobre 1852, 9 février 1853, 16 et 20 mai 1854, sur le régime des Livrets ;

4° Les arrêtés des 15 juin 1852, et 1er mars 1853, concernant les Commissaires spéciaux de l'immigration ;

5° L'arrêté du 28 novembre 1854, sur l'introduction des Immigrants ;

6° L'arrêté du 2 avril 1855, concernant les Orphelins ;

7° L'arrêté du 28 septembre 1854, sur la conversion des amendes en journées de travail ;

8° L'arrêté du 22 août 1848, portant création d'Ateliers de Discipline et l'arrêté du 6 décembre 1852, portant Transfèrement de celui des Pitons à la prison centrale de Fort-de-France, et en général toutes dispositions antérieures contraires aux présentes.

Art. 89. L'Ordonnateur, le Directeur de l'intérieur et le Procureur général sont chargés, chacun en ce qui le concerne, de l'exécution du présent arrêté qui sera inséré au *Bulletin* et au *Journal officiels* et enregistré partout où besoin sera.

Fort-de-France, le 10 septembre 1855.

Comte DE GUEYDON.

Par le Gouverneur :

Le Directeur de l'intérieur, BONTEMPS.